LOS CELTAS

Magia, mitos y tradición

Roberto C. Rosaspini Reynolds

diciones Continente

Corrección: Susana Rabbufeti
Composición y armado: Siglo XXI
Diseño de tapa: Mario Blanco

133	Rosaspini Reynolds, Roberto
ROS	Los celtas: magia, mitos y tradición
	1ª ed. - Buenos Aires
	Ediciones Continente, 1998
	192 p.; 23x15 cm
	ISBN 950-754-037-7
	I. Los celtas: magia, mitos y tradición - 1. Mitología

1ª edición: abril de 1998
2ª edición: noviembre de 1998
3ª edición: mayo de 1999
4ª edición: noviembre de 1999
5ª edición: noviembre de 1999

Libro de edición argentina

© by Ediciones Continente S.R.L.

Pavón 2229
(1248) Buenos Aires, Argentina
Tels.: (54-11) 4308-3535 Fax: (54-11) 4308-4800
e-mail: ventas@edicontinente.com.ar

IMPRESO EN LA ARGENTINA
PRINTED IN ARGENTINA

Queda hecho el depósito que marca la ley 11.723

Se terminó de imprimir en los talleres de NEW PRESS
Paraguay 261 - Avellaneda - Pcia. de Buenos Aires -
Argentina, en el mes de noviembre de 1999

LOS CELTAS

Magia, mitos y tradición

Indice

Algunos conceptos previos

Una historia de guerras, mitos y magia

El término "celtas" fue acuñado durante el siglo V a. C., ante la necesidad de algunos de los antiguos historiadores griegos y romanos, como *Diógenes Apolonius*,[1] *Posidonius*[2] y *Gaius Julio César*, supremo emperador de Roma, de identificar a un grupo de tribus bárbaras que habitaban los territorios centro–occidentales de Europa. El nombre definía a un pueblo brillante, dinámico e intrépido, aunque también proclive a la bebida y a las demostraciones de exuberancias físicas, guerreras y viriles.

A pesar de su primitiva y poco estructurada organización en forma de *tuathas*, o clanes, eran, por sobre todas las cosas, guerreros, y con frecuencia se alquilaban como mercenarios a cualquiera que pudiera pagar su precio, o luchaban constantemente entre sí cuando no había enemigos a la vista. Según las antiguas sagas irlandesas del *Ciclo del Ulster* (véase Cap. III), las mujeres estaban también altamente calificadas como guerreras y, según palabras de Julio César, *"una hembra celta iracunda es una fuerza peligrosa a la que hay que temer, ya que no es raro que luchen a la par de sus hombres, y a veces mejor que ellos"*.

La mayor parte de los registros históricos de los antiguos celtas provienen, como dijimos, de los escritores griegos y romanos, entre los que se cuentan, además de los mencionados, otros historiadores célebres, como el mismo Julio César, *Diógenes Laertius*[3] y *Dionisio de Halicarnaso*,[4] quienes, a su vez, probablemente basaron gran parte de sus conocimientos etnográficos sobre los celtas en los escritos de *Posidonius*, actualmente desaparecidos junto con la biblioteca de Alejandría. Estos datos fueron posteriormente complementados, y muchos de ellos confirmados, por la literatura irlandesa de las primeras épocas del Ciclo del Ulster.

De estas fuentes se pueden inferir algunas de las características de las estructuras sociales celtas y de sus pobladores, entre las cuales se destacan su estratificación en clanes, el alto espíritu combativo y el carácter pendenciero y jactancioso de sus guerreros, la admiración y las atenciones proporcionadas a los campeones durante las festividades y celebraciones, las prácticas continuas de las técnicas de combate individual y la recolección y conservación de las cabezas (cráneos) de los enemigos derrotados.

Origen y expansión

Desde el punto de vista arqueológico, la presencia celta en Europa ha podido ser rastreada hasta la etapa Urnfield[5] del segundo milenio a. C., pero en la actualidad se los menciona con mayor frecuencia como más asociados con la extensa cultura de la segunda Edad de Hierro europea, denominada tambien La Tene,[6] por el hallazgo en esa región de Suiza de una serie de emplazamientos arqueológicos que tipifican esa época. La cultura La Tene abarca desde la segunda mitad del primer milenio a. C. hasta el período de las conquistas romanas al norte de los Alpes, que comenzaron hacia el siglo II d. C., y se caracteriza por la emergencia de un estilo de arte y diseño vigoroso y exuberante, en el cual las formas abruptas y primitivas de los originales y nativos antecedentes Hallstatt[7] comienzan a teñirse de motivos más clásicos y florales, e incluso de algunos toques exóticos y orientales. La combinación de ambas influencias dio como resultado un distintivo estilo curvilíneo que pronto se extendió no sólo a los adornos y ornamentos, sino también a los diseños y grabados de los enseres hogareños, los instrumentos de labranza y las corazas y las armas de los guerreros (en el capítulo siguiente volveremos con mayores detalles sobre los orígenes de la cultura celta).

Desde el punto de vista histórico, los celtas aparecen por primera vez en *Tratado de Geografía* del historiador griego *Hecateus de Mileto*,[8] alrededor del siglo V a. C. Según este escritor, su lugar de origen fue la actual Alemania central, desde la cual, hacia el siglo IX, comenzaron a invadir las Galias, en oleadas continuas que no cesaron hasta el siglo II a. C. En el siglo VI a. C. atravesaron los Pirineos, instalándose en la Península Ibérica; en el IV llegaron hasta Italia, donde se apoderaron de Roma en la batalla de Allia.

Por el oeste, asolaron Hungría, llegaron hasta Grecia y cruzaron el Bósforo hasta el Asia Menor; en su camino, dejaron rastros de sus monumento funerarios en países aún más al norte, como Polonia, Ucrania y Rumania.

Los celtas continentales nunca formaron, en realidad, una nación homogénea ni organizada, sino que *"...se desplazaban como clanes* (tribus) *aislados, combativos y pendencieros, fanáticos de su independencia, que vivían en una lucha permanente, tanto contra sus enemigos como entre ellos mismos, movidos por una agresividad pocas veces vista en los pueblos de Europa".*[9]

En su aspecto religioso y tradicionalista, los celtas creían profundamente en sus mitos y leyendas que, como casi todas las religiones antiguas, reunían en una sola concepción fantástica, dioses, semidioses, héroes guerreros y entidades mitológicas y supranaturales

Los encargados de mantener vivas las creencias y tradiciones, como así tambien de oficiar en las ceremonias religiosas y rituales místicos eran los *druidas*, sacerdotes de orientación shamánica,[10] cuyo nombre deriva del término gaélico *daur*, que significa literalmene *roble* o *encina*[11] y *vid*, *sabio*, que en conjunto se traducen, según la tradiciones celtas, como **"los conocedores de los misterios del roble"**, ya que se los solía ver con frecuencia en los claros de los bosques, donde recogían el *mistletoe* o muérdago sagrado[12] y llevaban a cabo los ritos asociados con sus funciones de sacerdotes, sanadores, magos, maestros, jueces, oráculos y líderes religiosos. Lamentablemente, los primeros registros sobre las actividades y funciones místico–religiosas de los druidas aparecen recién en el siglo III d. C., y la mayoría de ellos se deben a Julio César, quien dedicó una especial atención a las estructuras socioculturales de los celtas, tal vez porque fue uno de los pueblos que resistió con mayor enjundia y tenacidad la invasión de los ejércitos romanos.

Según Julio César, los druidas eran los encargados de realizar todos los sacrificios, tanto públicos como privados, juzgaban los pleitos entre los pobladores y decretaban la pena a los culpables; si alguno de los sentenciados se sentía disconforme con su pena, se lo condenaba a no poder efectuar más sacrificios familiares y personales, hecho que se consideraba uno de los castigos más graves entre los celtas.

Los druidas efectuaban sacrificios humanos en favor de aquéllos que se encontraban gravemente enfermos o en peligro de morir en batalla; para estos sacrificios, generalmente se recurría a criminales o delincuentes, pero también sacrificaban víctimas inocentes cuando la ocasión lo requería. En las ceremonias públicas o comunitarias, cuando debían ofrecerse sacrificios múltiples, se construían gigantescas imágenes en madera y mimbre, en las que luego se introducían las víctimas que iban a ser inmoladas por incineración.

Si bien Julio César no menciona la existencia de druidas mujeres, existen algunas citas históricas, entre ellas algunas referencias de Posidonius rescatadas por Dionisio de Halicarnaso, que sugieren la existencia de organizaciones druídicas femeninas, a las que se denominaba *bandrui, dríadas* o *druidesas*, y que vivían en bosques sagrados (véase Glosario).

Según Elise Boulding, por ejemplo, *"las dríadas consagradas a la reina y diosa Boadicia, se agrupaban en una orden de clausura en la que estaba terminantemente prohibido todo contacto con el mundo exterior (especialmente con el sexo masculino), y se dedicaban exclusivamente a la magia y al culto de los dioses".*[13]

Lenguajes y literatura. El alfabeto Ogham

Con respecto a la escritura, a partir del siglo VI a.C., y hasta el siglo I d. C., las inscripciones celtas eran escritas en un alfabeto propio, denominado *Ogham* u *Occam*, uno de los varios lenguajes rúnicos atribuidos a este pueblo. Este lenguaje, de características rúnicas, era netamente alfabético y, aparentemente, una invención independiente, con una configuración que se asemeja mucho a la del código Morse. Sin embargo, la escritura Ogham, de la que queda constancia por varias estelas[14] encontradas en Gales, Escocia y norte de Irlanda, no parecen haber sido de uso popular, sino empleadas por los druidas en sus ritos mágicos y encantamientos (véase Glosario).

Los lenguajes celtas incluían, además del mencionado alfabeto Ogham, el *irlandés*, el *escocés gaélico* y el *galés*, todos ellos hablados en las Islas Británicas;[15] el *bretón*, originario de la costa noroccidental de Francia, y el *manx*, circunscripto exclusivamente a la Isla de Man, emplazada en el Mar de Irlanda. Sin embargo, esta variedad de idiomas no se reflejó en la literatura, ya que hasta el siglo IV o V de la Era Cristiana, la cultura celta mantuvo una estricta tradición oral, siendo los *bardos* y los *druidas* los encargados de conservar el acervo cultural de los pueblos o clanes.

Cabe destacar que son muy pocas las obras que se han rescatado de esa época temprana —la mayoría de ellas escritas en alfabetos rúnicos u ogámicos sobre estelas de arcilla o piedra—, pero sus poesías y relatos de héroes y guerreros denotan un estilo rico y esmerado, avalado por el hecho de que los primitivos poetas celtas cursaban no menos de 12 a 15 años de estudio antes de poder aspirar al reconocimiento de sus maestros.

Las primeras manifestaciones de la poesía celta como tal, surgen recién a partir del siglo X a. C., y han sido divididas para su estudio en tres grandes ciclos: el *Ciclo de Irlanda* o *del Ulster*, el *Ciclo de Ossián* y el *Ciclo de Bretaña* o de *Arturo*; en el capítulo correspondiente analizaremos con mayor detalle esta clasificación.

Arte, diseño y arquitectura

Las evidencias de la cultura La Tene en Europa central y occidental ha sido recogida principalmente de muchos emplazamientos fortificados que aún subsisten en buen estado de conservación, como así también de tumbas y cementerios encontrados en distintas regiones del noroeste y centro de Europa y las Islas Británicas. Es interesante destacar que algunas de las tumbas y enterratorios hallados en el centro de Europa muestran evidencias de la influencia de zonas más meridionales, lo que sugiere un activo y floreciente comercio con las regiones mediterráneas.

El estilo Waldalgesheim, entre mediados del siglo IV y fines del III a. C., tipifican el clásico período celta del arte La Tene, representado por plaquetas con figuras humanas y finos jarros laminados en bronce, con los clásicos adornos curvilíneos que caracterizan la época.

A partir del siglo III d. C., surge entre las manifestaciones artísticas celtas un movimiento aislado, originado en las Islas Británicas, y que se caracteriza por un estilo especular, en que las figuras se repiten simétricamente según un eje vertical; estos productos fueron principalmente diseñados para los grandes jefes belgas, que por ese entonces se habían transformado en verdaderos mecenas de los artesanos celtas de las Islas Británicas. Posteriormente se identificó a estas manifestaciones como *movimiento insular tradicional*, para diferenciarlo de las corrientes continentales, sobre las cuales no tuvo influencia alguna.

Cúspide y declinación

Sin embargo, las influencias externas, que en cierta forma moderaron y atemperaron los agresivos y bruscos rasgos Hallstatt en el campo de la ornamentación y el diseño de instrumentos y accesorios, no alcanzaron a modificar su comportamiento guerrero y conquistador por naturaleza, y entre los siglos XV y II a. C. (principalmente a partir del siglo IX a. C.) comenzaron a extender sus olas conquistadoras, desde sus emplazamientos nativos del centro de Europa, hacia la Península Ibérica (norte de España), Alemania, Suiza y las Galias hacia el oeste, Italia septentrional y norte de Grecia hacia el sudoeste, las regiones de la Galia (actual Francia) y, atravesando el Canal de la Mancha, hacia las Islas Británicas, donde ocuparon los actuales territorios de Inglaterra, Escocia, Gales e Irlanda, probablemente alrededor de los siglos VIII y VII a. C.

Otros grupos, movidos siempre por su afán de conquista, se desplazaron hacia la meseta de Anatolia, donde fundaron el estado de *Galatia*, cuya influencia se extendió rápidamente hasta los Balcanes y el Asia Menor, en las regiones actualmente pertenecientes a Turquía, Irán e Irak. De hecho, en la etapa más floreciente de sus conquistas, la civilización celta cubría un área mucho más extensa que las regiones de Irlanda y Escocia a que generalmente la limitan los conocimientos populares

Finalmente, la cultura celta se vio severamente restringida por las invasiones de los romanos por el sur y los germanos por el norte y el oeste. Las incursiones de los grupos germánicos se iniciaron hacia fines del siglo II d. C., prácticamente en forma simultánea con las invasiones romanas que, comandadas por Julio César, sojuzgaron a las Galias en las Guerras Gálicas (51 – 58 d. C.) y conquistaron Bretaña en el siglo I d. C. Más tarde, ante la declinación del poder romano, las tribus germánicas arreciaron sus embates guerreros hacia el oeste, internándose cada vez más en las tierras antes dominadas por los celtas; finalmente la ofensiva germánica cedió ante el límite atlántico de Europa y la cultura celta sólo pudo sobrevivir en una franja costera de la Bretaña francesa, y en las Islas

Británicas, donde aún pueden comprobarse fuertes influencias celtas en numerosos pueblos de Irlanda, Escocia, Gales y Cornwall (región sudoccidental de Inglaterra).

Acerca de este libro

En este capítulo introductorio he presentado, a grandes rasgos, un resumen del texto general, a lo largo del cual ampliaré los detalles de la historia, los mitos y la magia de un pueblo que nunca constituyó una nación o una etnia propiamente dichas, sino que adoptó una estructura social y política en apariencia disgregada y poco coherente, pero que lo llevó a controlar gran parte del territorio europeo y del Asia Menor.

No en vano los "celtas" —como se los llama hoy genéricamente— no se denominaban a sí mismos ni a su idioma con ese nombre, sino que se consideraban *irish gaëls*[16] (irlandeses), *scott gaëls* (escoceses), *brethons* (bretones), *welsh* (galeses) o *brythons* (británicos); es más: antes de sus primeros contactos con la cultura romana, es muy posible que sólo se identificaran bajo el nombre de su clan, o *tuatha*.

Por otra parte, a lo largo de sus contactos —generalmente bélicos— con otras culturas, los pueblos celtas han debido adaptarse constantemente a nuevas condiciones de vida, y sus tradiciones y costumbres han ido modificándose a lo largo del tiempo, por lo cual no es de extrañar que los *scott gaëls* que lucharon contra los *picts* en el siglo IV de la Era Cristiana, hayan adoptado de ellos muchas de las costumbres que hoy se consideran netamente *scotish*.

También es preciso reiterar que las tradiciones celtas se mueven dentro de un ámbito esencialmente shamánico, orientadas, difundidas y mantenidas por los *druidas,* lo que nos da la pauta de que tratamos con un pueblo esencialmente mítico y mágico, para el que lo mítico y lo real no admiten diferencia alguna sino que, simplemente, conviven en la realidad cotidiana; son parte de una cultura simbólica, en la cual los hechos siempre tienen una contraparte mágica, en la cual no es de extrañar que los dioses se encarnen en formas animales, míticas, o de seres humanos con poderes sobrenaturales.

Por lo tanto, quiero destacar que este trabajo no intenta presentar simplemente una semblanza documental —más o menos completa que otras— de la vida y las costumbres celtas, sino que trata de profundizar en la identidad y los sentimientos de un pueblo fiel a su idiosincrasia independiente, combativa, extrovertida y hasta jactanciosa, pero con un profundo hálito vital que no puede transmitirse en ningún idioma, a menos que se esté dispuesto a sentirlo.

En la sociedad contemporánea, los términos "magia" y "mito" son interpretados por algunos analistas y teólogos como el vehículo y el símbolo, respectivamente, a través de los cuales se manifiesta y se plasma un hecho supranatural o inexplicable para los conocimientos vigentes. El concepto popular, en cambio, identifica más frecuentemente estos términos con doctrinas arcaicas, ignorantes y oscurantistas; los denigra como productos falsos y engañosos, inventados para esquilmar incautos, o bien los toma como manifestaciones malignas, destinadas a perjudicar al prójimo.

En el mundo celta primigenio, en cambio, como en todas las tradiciones shamánicas, el mito y la magia representan el origen y la continuidad de la vida.

El *mito* determina la estructura y el ordenamiento del Universo, mientras que la *magia* rige la sucesión de acontecimientos de la vida cotidiana. El alejamiento de las sociedades actuales de estos dos conceptos primigenios es la causa y la razón de la pérdida de armonía con la Naturaleza y, como consecuencia directa, la separación de nuestro propio Dios (o dioses), ya que éstos, según el principio shamánico de la realidad extática, no son sino la manifestación visible de la inmutabilidad de las leyes naturales.

Deseo fervientemente que este intento de ponerlos en contacto con la realidad de un pueblo mítico, como lo es el celta, induzca a nuestros lectores a profundizar un poco más en el mundo del mito y de la magia, donde, sin duda, encontrarán la respuesta a muchos interrogantes, algunos de los cuales aún ni siquiera han sido planteados.

R. C. Rosaspini Reynolds

Triskel gaélico del siglo III a. C.

Detalle de uno de los cráneos alojados en los nichos del santuario celto-ligur de Roquepertuse, en Valaux, Francia. Pertenece al siglo III o IV a. C. y constituye un símbolo de la veneración celta por la cabeza humana y la costumbre de conservar los cráneos de sus enemigos como trofeos

Capítulo I

En los albores de la humanidad

La prehistoria europea

Los comienzos de la humanidad, en la Europa prehistórica, han sido estudiados bajo el prisma de las tres grandes divisiones convencionales: la *Edad de Piedra*, subdividida en los períodos *Paleolítico* y *Neolítico*, que abarcan desde los primeros esfuerzos humanos en el campo de la agricultura, antes del sexto milenio a. C., pasando por la *Edad de Bronce* —denominada también período *Eneolítico*— hasta el final de la *Edad de Hierro*, con el comienzo de la historia escrita y el advenimiento de la Era Cristiana.

Períodos paleolítico y neolítico

Si bien aún no se cuenta con suficientes aportes arqueológicos como para afirmarlo sin lugar a polémicas, la tendencia general de las interpolaciones obtenidas utilizando el método del Carbono 14[1] sobre algunos elementos recuperados, sugiere que el origen de los celtas —o *protoceltas*[2] como se los denomina en algunos trabajos—, se remonta a los siglos 45 a 40 (4.500 a 4.000 años) a. C., ya bien establecido el período neolítico europeo.

Por lo tanto, y a pesar de que algunos autores hayan querido aventurar teorías anteriores en el tiempo, dejaremos aquí de lado el período paleolítico, ya que el comportamiento de los distintos grupos humanos en esa época era demasiado similar y rudimentario como para establecer diferencias. Esto hace que algunos investigadores identifiquen las primeras manifestaciones celtas con los *siluros*,[3] una temprana tribu originaria de las Islas Británicas[4] que habitó el territorio de la actual República de Irlanda (Eire), el Ulster, parte de Escocia, la región central y occidental de Gales y el sur de Inglaterra, desde donde posteriormente se extendieron a las costas de Bretaña y Normandía, al norte de Francia, hasta ocupar prácticamente toda Europa, ya que se ha demostrado la existencia de tumbas célticas en lugares tan apartados de su origen como Grecia, Hungría, Polonia y hasta Ucrania y el Asia menor.

No obstante, algunos autores, basándose en la *Geografía* de Hecates de Mileto, afirman que, etnológicamente, las tribus celtas son originarias de la Alemania central, desde donde, a partir del siglo IX a. C., comenzaron a desplazarse hacia el oeste y sudoeste, ocupando las Galias y la Península Ibérica, para luego expandirse en forma circular a toda Europa y parte de Asia.

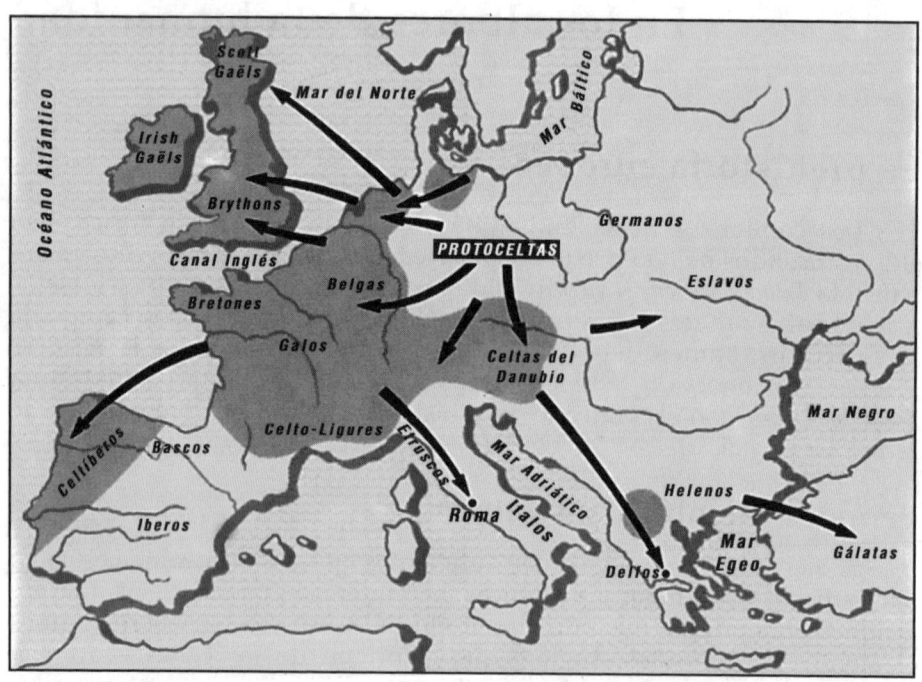

La expansión celta entre los siglos V y I a. C., según el Grossen Historischen Weltatlas, *Ed. Bayerischer Schulbuk-Verlag, Munich, Alemania, 1963*

El período neolítico, por su parte, establecido entre los 5.000 y los 2.000 años a. C. marcó la introducción de la agricultura y la vida sedentaria en Europa y, dado que sólo unos pocos de los animales domésticos y plantas cultivadas eran nativos del continente, y que la mayoría, como las ovejas, las cabras, el trigo y la cebada provenían del Oriente Medio, muchos autores deducen que la nueva economía agrícola se extendió lentamente desde el sudeste hacia el lejano noroeste, severamente demorada —el proceso tomó muchos siglos— por los accidentes geográficos y la severidad del clima.

Sin embargo, el tema no ha sido suficientemente probado, y existen opositores a estas teorías, que suponen que la tradición de la construcción de megalitos representa un movimiento religioso difundido por un pequeño grupo de misioneros provenientes del Mediterráneo oriental y central, que extendieron sus prédicas, en primer lugar hasta la Península Ibérica, y desde allí hacia el norte, rumbo a Escandinavia vía las Islas Británicas, Francia y los Países Bajos. En su favor, estos investigadores alegan que los pocos exámenes que han podido practicarse con Carbono 14 revelan que las tumbas más antiguas son las de Bretaña, y que las del norte de Europa, desde el río Rin hasta Suecia, forman un grupo separado, desarrollado independientemente de influencias orientales

Para una mejor comprensión, analizaremos primero la transformación sufrida por el continente europeo en general, y luego, más en detalle, los cambios aportados por este período al área de influencia celta en particular.

El período neolítico europeo

Los primeros yacimientos arqueológicos del neolítico en el sudeste de Europa, como Starcevo y Vinca, en los Balcanes, datan de más de 6.000 años a. C., mostrando evidencias del cultivo de trigo, cebada y centeno, y la crianza de cerdos, ovejas y cabras, mientras que en las Islas Británicas, los primeros emplazamientos no superan los 4.500 años a. C.

En el centro de Europa (Alemania, Austria, Hungría, etc.) la era agrícola comenzó con la cultura denominada "de la alfarería lineal", así llamada por los diseños rectilíneos de la cerámica recogida. Esta cultura comenzó en el quinto milenio a. C., extendiéndose luego a Bélgica y Holanda, y agregó a los cultivos otros vegetales como guisantes, legumbres y textiles.

Los emplazamientos, como los descubiertos en Bylany, Checoslovaquia y Koln Lindenthal, en Alemania, eran generalmente muy populosos, y sus habitantes se alojaban en grandes casas de madera, frecuentemente de hasta 15 metros de ancho por más de 30 m de largo.

Finalmente, la cultura agrícola y alfarera llegó al oeste de Europa alrededor del año 4.500 a. C., aunque la manufactura de herramientas y utensilios de piedra continuó, como así también la habitación en cuevas y cavernas. La subsistencia, todavía no basada plenamente en la agricultura ni la ganadería, aún dependía de la caza y de la pesca; los ciervos, los cerdos salvajes, peces y mariscos todavía eran las principales fuentes de alimentación.

Más al norte aún, en la zona costera francesa de Bretaña y Normandía, la edad de los emplazamientos neolíticos más tempranos, como el de Camp de Chassey, ha sido evaluada en alrededor de 4.000 años, sólo ligeramente anteriores a los de las Islas Británicas, considerados actualmente por los arqueólogos como los verdaderos exponentes originales de la tradición celta.

El neolítico celta

Si bien los Celtas fueron el primer pueblo prehistórico en destacarse del anonimato en los territorios europeos al norte de los Alpes, el civilizado mundo mediterráneo, regente por entonces de los destinos del continente europeo, no tuvo noticias de ellos hasta bien pasada la mitad del primer milenio, cuando las avanzadas conquistadoras de Grecia y Roma comenzaron a hablar de los *keltois* y los *galos*, como llamaban respectivamente a esos "pueblos bárbaros"; para ese entonces, la cultura celta se había establecido ya en gran parte de Europa, extendiéndose desde las Islas Británicas hasta los Balcanes y, como se sospecha en la actualidad, hasta la meseta de Anatolia y la Península Escandinava.

Tanto en las islas como en el resto de las áreas de influencia celta, los primeros asentamientos registrados cuentan también con una antigüedad de 40 siglos, pero los más importantes no aparecen sino hasta el tercer milenio a. C., cuando comenzaron a concretarse los primeros asentamientos verdaderamente masivos y a dejarse de lado los instrumentos y herramientas de piedra que, hasta el momento, habían tenido gran relevancia y se utilizaban como una especie de moneda de intercambio que, en ocasiones, era utilizada a grandes distancias de sus fuentes de materia prima.

Los monumentos neolíticos, conocidos bajo el nombre genérico de *megalitos*[5] pueden agruparse en cuatro grandes categorías: *tumbas colectivas* (cámaras mortuorias comunales), *menhires* (rocas individuales plantadas en forma vertical), *dólmenes* (grupos aislados de tres a cinco piedras) y *alineaciones múltiples* o *henges*,[6] (menhires o dólmenes agrupados en formaciones lineales circulares o espiraladas); esta terminología pertenece al nomenclador de la Royal Archaeological Society, el cual hemos adoptado para este trabajo, por considerarlo el más difundido y aceptado universalmente.

Sin embargo, cabe destacar que esta nomenclatura no es más que una de las varias que se utilizan en el mundo, especialmente a nivel regional; en Francia y España, por ejemplo, las cámaras funerarias son llamadas *dólmenes* (probablemente a causa de su portal de ingreso), mientras que en las Islas Británicas este término se aplica a los conjuntos líticos mencionados anteriormente y, por extensión, a las tumbas megalíticas despojadas de sus cubiertas de tierra (*barrows*) o de rocas (*cairns*) (véase Glosario), ya sea por causas naturales o por la mano del hombre.

Otro ejemplo es el término galés *cromlech* (véase Glosario), que en gaélico, como así también en la literatura inglesa antigua, se utilizaba para definir a las tumbas comunales celtas; en la actualidad, algunos autores utilizan este nombre, tomado de algunas terminologías locales, para definir a los *henges* o círculos de piedra.

Las tumbas megalíticas

El tipo de megalito celta encontrado con más frecuencia por los investigadores de campo son las cámaras funerarias colectivas, que han sido encontradas en toda el área de influencia céltica, desde el sur de España hasta Suecia, y por el oeste, en los actuales territorios de Francia, Alemania y Dinamarca. En ellas los clanes enterraban a sus integrantes a medida que morían, en ocasiones a lo largo de muchos años, incluso siglos, y su estructura y forma variaban considerablemente, en parte debido a la idiosincrasia de los constructores y, en parte, a la disponibilidad de materiales de la zona.

Estos monumentos megalíticos, los más antiguos de los cuales se encuentran en Bretaña y datan de antes del año 4.500 a. C., fueron erigidos en una gran variedad de formas internas y externas, y utilizando diversos materiales de construcción. Los más recientes son los más complejos, tales como la tumba de Knowth, en el Boyne Valley, y la de Dowth, en Newgrange, ambas en territorio irlandés. Recientes investigaciones sugieren que algunas de estas tumbas, cuya construcción denota un alto grado de organización social, fueron alineadas astronómicamente para detectar la aproximación del solsticio de invierno

A lo largo del período paleolítico podemos distinguir, a grandes rasgos, cuatro estructuras funerarias básicas, de las cuales las más

Túmulos megalíticos gemelos, conocidos como Da Chich Anann *(Los senos de Anu), en el condado de Kerry, Irlanda*

antiguas son conocidas como *tumbas clásicas*; más adelante, las diferentes tradiciones religiosas incorporaron modificaciones, y así surgieron otras conformaciones, que han sido denominadas respectivamente: tumbas *de atrio*, de *pasaje* y de *portal*.

Las tumbas clásicas. Consisten simplemente en una cámara mortuoria de forma cuadrada, redonda o poligonal, excavada en el suelo y, en ocasiones, con paredes de piedras apiladas; estas cámaras están generalmente cubiertas por un túmulo de tierra en forma de domo, conocido generalmente como *barrow*, o por un montículo de rocas sueltas, denominado *cairn*. Este último sistema se utilizó principalmente en las áreas costeras, donde podían disponer de rocas sueltas en cantidad, mientras que el primero de ellos era más frecuente tierra adentro, cerca de las áreas de cultivo

Las tumbas de atrio. Se diferencian de las anteriores en que poseen un espacio semicircular u oval, descubierto, que precede a la cámara funeraria propiamente dicha. Este espacio se encuentra, en algunos casos, limitado por hileras de rocas, o por taludes de tierra apisonada, y se le atribuyen funciones religiosas y rituales durante los enterramientos.

La mayoría de los más de 300 monumentos de este tipo hallados hasta el momento han sido localizados en la mitad norte del territorio irlandés, extendiéndose hacia el sur hasta las tierras bajas de las planicies centrales, aunque también se han hallado algunos de estos enterramientos en zonas más hacia el noreste, como la región nororiental del Ulster y, a través del Mar de Irlanda, en la Isla de Man y el oeste de Escocia. En excavaciones recientes se han descubiertos restos bien conservados de casas rectangulares de madera, aparentemente pertenecientes a los constructores de estas tumbas, en las regiones de Ballyglass, condado de Mayo, en Irlanda, y en Ballynagilly, condado de Tyron, en el Ulster.

Las tumbas de galería. Llamadas también "de pasaje", se caracterizan por un pasaje o corredor que permite el ingreso a la cámara mortuoria, algunas veces dividido en segmentos transversales, y cubierto, al igual que la cámara, por *barrows* o *cairns*. El pasaje puede o no estar precedido por el *atrio*, pero siempre se encuentra entre la superficie y la cámara mortuoria.

A pesar de no contarse con demasiados ejemplos —solamente se han encontrado unas pocas decenas de tumbas— , el eje principal de distribución de estos enterramientos parece hallarse en Irlanda, a lo largo del río Shannon, entre los condados de Sligo y Meath, pero también han sido localizados grupos más pequeños en las costas meridionales de la provincia de Munster y las islas Scilly, en las costas septentrionales de Gales y, en Inglaterra, en los condados de Cornwall, Devon, Dorset, Sussex, Kent y Suffolk. En el continente, los escasos ejemplares descubiertos se hallan en las costas de la Bretaña francesa y hacia el sur, en las costas de la Península

Ibérica, a lo largo del Golfo de Vizcaya y el litoral atlántico de Portugal.
La más clásica de las tumbas de pasaje es, quizás, la de Brug na Boyne
(véase Glosario), en Knowth, una villa del condado de Meath, en el valle

*Típica entrada de una tumba "de galería"; se trata del túmulo de Knowth,
y forma parte del complejo megalítico denominado Brug na Boyne*

del río Boyne, en Irlanda; se trata de una típica construcción rectangular,
cuya cámara funeraria principal, recubierta de tierra (*barrow*), mide 90 x
78 m por 15 de alto, y a la cual se accede mediante dos pasajes de piedra
de 33 y 34 m de longitud, los más largos registrados en Europa.
Alrededor del montículo principal se agrupan 16 cámaras secundarias, y
todo el conjunto ha sido datado en el tercer milenio a. C.

Las tumbas de portal. Similares a las de galería, el pasaje presenta
una entrada de piedra, generalmente en forma de arco construido con
dos piedras plantadas en forma vertical, y una tercera sobre ellas, en

forma de dintel. En caso de contar con un atrio, el portal está ubicado entre éste y la galería o pasaje de ingreso a la cámara.

Quizás la característica más importante de estas tumbas es que marcan claramente una lenta transición hacia la Edad de Bronce, ya que en ellas se ha encontrado cierta cantidad de herramientas muy elaboradas, como así también accesorios lujosos, que incluyen alfileres de hueso y marfil, collares, pulseras y pendientes que indican la proximidad de la etapa siguiente. También los elaborados diseños grabados en las piedras que recubren los *cairns* y los portales coinciden con los de los siglos posteriores.

Atrio y portal del megalito de Dowth, en Newgrange, condado de Meath, en territorio irlandés, sobre la costa del Mar de Irlanda

Respecto de su distribución, la mayoría de estas cámaras mortuorias han sido localizadas hacia el sur de Irlanda, en una franja que nace en la bahía de Dundalk y se extiende a lo largo de la costa del Mar de Irlanda; por lo general, su capacidad es algo mayor que la de las de atrio, y su dispersión alcanza hasta las provincias de Waterford, Munster y Leinster por el sur y el oeste, las costas de Gales y Cornwall, al otro lado del Canal de San Jorge, y, ya en territorio continental, han sido descubiertos enterramientos similares en las zonas costeras de Bretaña y Normandía. Aunque en menor cantidad, también se han encontrado enterramientos rodeando las costas del Canal de la Mancha y el Mar del Norte, hasta los Países Bajos.

Tumbas mixtas de portal, atrio y galería. La tumba megalítica de Dowth, cercana a la de Knowth, también en el valle del río Boyne, al norte de Dublín, presenta algunas características que pueden definirla como una tumba mixta típica de *portal, atrio* y *pasaje*. Con un diámetro de 84 m y una altura de 13, el montículo de tierra (*barrow*) cubre dos cámaras mortuorias para entierros comunales; la primera de ellas, a la que se accede por un portal de casi 6 m de altura, formado por tres grandes rocas de piedra caliza y un corto pasaje cruciforme (12 m), está unida por una puerta a una pequeña cámara individual.

Roca arenisca decorada con espirales, que cierra el atrio del megalito de Dowth, en Newgrange, Irlanda oriental

La segunda cámara, con una galería de acceso ligeramente más larga (16,50m), muestra una compleja disposición de nichos laterales, probablemente destinados a personajes destacados de la comunidad. Es interesante señalar que, mientras que en las áreas de enterramientos comunitarios abundan los utensilios de uso general, como raspadores, leznas, etc., en los nichos laterales se han encontrado principalmente armas, hecho que resulta muy coherente con la idiosincrasia bélica de los celtas, que rindieron culto a sus guerreros desde sus mismos comienzos.

Entre los elementos ornamentales cabe mencionar los *ortostatos* (grandes losas cuadradas que recubren las paredes), como así también los pilares y dinteles de los portales, que en la mayoría de los casos se encuentran profusamente decorados con diseños en forma de espirales, líneas quebradas y losanges (rectángulos de lados convexos).

Los menhires

El término *menhir* (del gaélico *maen* = piedra y *hir* = alta o erguida) define a una roca aislada, de 3 a 8 metros de alto, sección relativamente chica (entre 30 y 80 cm de diámetro) con respecto al largo, y erigida verticalmente en tiempos prehistóricos, presumiblemente por manos humanas, ya que las posibilidades de que una roca se posicione de esa forma de manera natural, son prácticamente inexistentes. En algunas oportunidades —generalmente en los megalitos pertenecientes al neolítico tardío— las caras de la roca están talladas o grabadas, con notables ejemplos en Portugal, España y Córcega.

Con respecto al propósito de estos megalitos, aún no se ha dirimido la polémica, y mientras algunos investigadores los consideran monumentos rituales, o simplemente señalizadores erigidos para guiar a los viajeros en sus viajes a campo traviesa, los estudios detallados demuestran que la mayoría de ellos poseen una cara plana orientada hacia un punto o plano lejano en el horizonte, marcando la posición de la salida o la puesta del Sol o de la Luna. Si la línea del horizonte se encuentra suficientemente alejada (alrededor de 30 km o más), la precisión de este alineamiento es suficiente como para predecir puntualmente, o bien el momento exacto de un acontecimiento astronómico en el calendario anual (solsticios, eclipses, etc.) o bien anticipar los hechos periódicos, como las fases lunares, las estaciones, etc.

El área de distribución de estos monumentos megalíticos abarca principalmente la región nororiental de Europa, con mayor profusión en las Islas Británicas y la Bretaña francesa, y en menor cantidad en los márgenes continentales del Golfo de Vizcaya, el Canal de la Mancha y el Mar del Norte, habiéndose registrado algunos ejemplares hasta Portugal hacia el sur y Bélgica y Holanda hacia el norte. Sin embargo, es preciso señalar que algunos de los considerados menhires (especialmente los de menor tamaño) no son más que pilares levantados en épocas recientes, por los campesinos locales, como postes para que el ganado se restregue contra ellos.

Menhir de Dromkeare, con inscripciones Ogham y una cruz cristiana, seguramente incluida en épocas posteriores

Los dólmenes

Derivado del gaélico *tohl* = tabla, mesa y *maen* = piedra, el término *dolmen* describe a un megalito compuesto por una roca plana, en forma de laja, colocada en forma horizontal sobre dos o más pilares verticales de piedra. En la región de Bretaña, el nombre se extiende a los portales de las tumbas comunales que han perdido o han sido despojadas de sus cubiertas.

Dolmen de Kilclooney, ubicado en el condado de Donegal, sobre la costa atlántica, al norte de Irlanda.

A diferencia de los *menhires*, los *dólmenes* se encuentran con mayor frecuencia tierra adentro que en los litorales marinos, siendo bastante comunes en Irlanda central (región del Ulster, este del condado de Connacht y las cuencas de los ríos Shannon y Suck), Inglaterra (cuencas de los ríos Trent, Avón y Támesis, en el sur y Forth y Clyde en el norte), y, en el continente, en territorio francés (actuales departamentos de Bretaña, Normandía y Picardía, hasta Berry y Champagne), Bélgica (Flandes oriental y Amberes), extendiéndose, aunque escasos, hasta Alemania por el este y Holanda hacia el norte.

Alineamientos múltiples

Estas formaciones megalíticas son las más grandes en su tipo, y se encuentran dispersas en todo el territorio adjudicado a la cultura neolítica celta, principalmente en las Islas Británicas (Irlanda, Ulster, Gales, Escocia e Inglaterra) y en las regiones costeras de Francia y Bélgica, aunque también se encuentran algunos ejemplos en España, Alemania, los Países Bajos y el sur de la Península Escandinava.

Su distribución puede variar desde un simple par de *menhires*, usualmente de 2 a 5 m de altura, separados por una decena hasta un centenar de metros, hasta disposiciones de 10 o más hileras paralelas, que corren a lo largo de un trayecto de 2 km e involucran más de 1.000 rocas, como en el megalito de Carnac, una pequeña ciudad ubicada al sur de la Bretaña francesa (véase Glosario).

Si bien muy pocos de ellos han sido adecuadamente fechados por excavaciones o el método del carbono radiactivo, la mayoría de los arqueólogos coinciden en que pertenecen al neolítico tardío o la Edad Eneolítica [7] temprana (entre 3.000 y 1.500 años a. C.), y son contemporáneos, o sólo ligeramente posteriores, a los otros megalitos que se encuentran en las mismas regiones. Para un mejor estudio, dividiremos estas formaciones en cuatro tipos, diferenciados por la disposición de las piedras aunque, en la mayoría de los casos, los tipos se hallan superpuestos, y en un mismo megalito existen dos o tres de ellos simultáneamente.

Alineamientos del primer tipo. Consisten en una o varias hileras rectas de piedras medianas, de 1 a 2 m de altura, separadas por unos pocos metros, y que pueden extenderse a lo largo de 100 o 200 metros, con los extremos cerrados por una losa transversal. Estas disposiciones se han registrado principalmente en las Islas Británicas, en las regiones del oeste y el norte, donde existe una gran disponibilidad de material lítico.

Otra zona en la que estos megalitos aparecen con gran frecuencia es en la región de Dartmoor,[8] al sudoeste de Inglaterra, en muchos casos formando como una avenida hacia un *cairn* (y a veces a través de éste) o alineamiento circular (*henge*).

La mayoría de estos monumentos no parecen tener ningún significado astronómico, y algunos de los más grandes han hecho pensar a los arqueólogos y paleontólogos que se trataba de *"avenidas procesionales, trazadas y utilizadas por los druidas con fines rituales y religiosos"*.[9]

Si bien es sólo parte de un megalito mayor (el segundo en extensión y complejidad, después de Stonehenge), un buen ejemplo de estas avenidas es la que forma parte del monumento conocido como Círculo de Avebury, llamado así por su proximidad a la villa de ese nombre, en el condado de Wiltshire, 129 km al oeste de Londres.

Alineado dentro de los denominados *henges*, consiste en un cerramiento circular rodeado por un enorme foso, originalmente de 12 m de ancho por 9 de profundidad, interrumpido por cuatro calzadas orientadas hacia los cuatro puntos cardinales. Dentro del foso se encuentran los restos de un círculo de 335 m de diámetro, compuesto por más de 100 menhires de más de 4 m de altura. En el interior del círculo mayor pueden apreciarse dos círculos menores, de aproximadamente 100 m de diámetro, en cuyo centro se erigen dos gigantescos megalitos de casi 8 m de altura. Todas las rocas, conocidas como *sarsen*, son de piedra caliza y proceden de canteras próximas, ubicadas en las tierras bajas adyacentes.

Desde la entrada sur se desprende una ancha avenida de menhires alineados por pares, que une el Círculo de Avebury con el llamado Santuario, un doble círculo de rocas situado a 2,5 km de distancia, considerado como un sitio ritual, y que fue destruido en el siglo XVIII. Avebury, que fue uno de los pocos megalitos investigados por medio del carbono radiactivo, ha sido fechado alrededor del año 2.000 a. C., probablemente dentro de la cultura Beaker,[10] y en sus cercanías se encuentran otros dos sitios arqueológicos de antigüedad similar: Silbury Hill, el más extenso de los *barrows* de la cultura celta, y Windmill Hill, la más antigua carretera neolítica conocida.

Alineamientos del segundo tipo. Los alineamientos del segundo tipo, consistentes en múltiples hileras paralelas integradas por cientos de rocas (menhires), están circunscriptos al área de Carnac, en el sur de la Bretaña francesa y, aunque sus propósitos y fecha de construcción permanecen aún indescifrados, se presume que datan del período neolítico tardío, entre los 2.500 y 2.000 años a. C., probablemente por integrantes de la cultura Beaker.

El monumento, que recibe su nombre de la villa homónima situada en el centro de la mayor concentración de megalitos de la Europa occidental, ha sido reparado con mucha frecuencia en los últimos años, por lo que resulta difícil describir su conformación original. Según los croquis y diseños de sus primeros investigadores, Paul Jacobstahl y M. Sjoested–Jonval, los restos principales forman seis alineamientos diferentes de rocas, el mayor de los cuales comprende 11 hileras paralelas, con más de 1.100 menhires que abarcan una superficie de 2,5 km de longitud por 1,5 de ancho de la campiña bretona. Al menos dos de estos alineamientos poseen círculos de rocas en sus extremos occidentales, lo que hace suponer que han sido construidos con propósitos as-

Alineamiento en hileras paralelas del megalito de Carnac, en Morbihan, en la Bretaña francesa

tronómicos, aunque aún no se ha logrado precisar su funcionamiento. En las cercanías del asentamiento de Carnac existe una densa concentración de monumentos funerarios, la mayoría de los cuales son cámaras mortuorias sencillas, ubicadas generalmente en la cima de las colinas bajas típicas de la región.

Alineamientos del tercer tipo. El tercer tipo de alineamiento está destinado a marcar, con extrema precisión, ciertos acontecimientos astronómicos periódicos, como la salida o puesta del Sol o la Luna en un equinoccio o solsticio determinado, el punto exacto de aparición, en una fecha específica, de una constelación o una estrella particularmente brillante, etcétera.

Sin embargo, en algunos casos, los alineamientos pueden señalar varios acontecimientos astronómicos, ya sea en forma simultánea o secuencial; los estudios realizados por la arqueóloga Synead Sullivan, de Irlanda, por ejemplo, sobre la formación megalítica de Temple Wood, en Argyll, Escocia, le han permitido sugerir que la pequeña hilera de menhires centrales de este monumento, podría indicar la trayectoria del cometa Halley durante sus periódicas incursiones en nuestro sistema solar, hecho que, aparentemente, ha sido confirmado por la última aparición del astro errante.

Otro ejemplo de indicaciones múltiples es el del megalito de Tir Eoghain, en el condado de Kerry, al norte de Irlanda, cuyo alineamiento está calculado para indicar los puntos de salida del sol en los equinoccios y las fechas intermedias entre los equinoccios y los solsticios, de forma de dividir el año solar en 16 períodos (meses) de 22, 23 y 24 días, un complejo calendario anual que se ha sugerido que pudo haber sido usado durante la temprana Edad de Bronce celta (2.000–1.500 años a. C.).

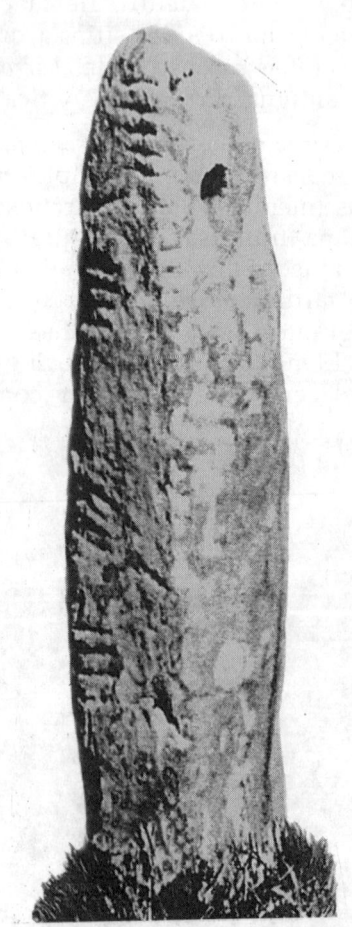

Menhir de Kilmalkedar, con inscripciones oghámicas astronómicas

Alineamientos del cuarto tipo. La cuarta forma de alineamiento consiste en una formación semicircular única, o bien una especie de abanico de radios rectos o ligeramente curvos hacia afuera, formado por rocas pequeñas, de no más de dos metros de altura. Estas formaciones están confinadas al noreste de Escocia y a la región de Carnac en la Bretaña francesa, y conforman áreas bastante reducidas y concretas, aunque pueden hallarse unos pocos ejemplos en las costas sudoccidentales de la península escandinava y en algunas zonas al sudoeste de Francia.

Formación megalítica de Castlering, en el distrito de Lake, alta Escocia, hogar del bardo Myrddin, nombre gaélico de Merlín

Su fecha aproximada de construcción y su propósito son también desconocidos, aunque algunos autores sugieren que *"...pudieron haber servido como instrumentos gráficos para calcular la duración exacta de los solsticios o las declinaciones máximas y mínimas de la Luna, las cuales no siempre coinciden con los momentos exactos del amanecer y el ocaso..."*.[11] Sin embargo, esta interesante especulación aún no ha sido demostrada, y aguarda nuevas investigaciones.

La evidencia proporcionada por este tipo de alineamientos, como también por los del quinto tipo, que veremos a continuación, demuestran que, ya en el neolítico tardío, los antiguos celtas practicaron la astronomía descriptiva, en oposición al punto de vista tradicional, que sostenía que esta ciencia sólo había comenzado con las alfabetizadas civilizaciones mesopotámicas (asiria, fenicia, etc.) y la egipcia, muchos siglos más tarde.

Alineamientos del quinto tipo. A lo largo de toda el área de influencia proto-céltica,[12] que abarca las Islas Británicas y las costas de Portugal, España, Francia, Bélgica y Holanda sobre el Océano Atlántico, el Canal de la Mancha y el Mar del Norte hasta el oeste de Alemania, existen numerosos círculos o anillos cuasi-circulares trazados con menhires, dólmenes o conjuntos mixtos de ambos. Alrededor de un tercio de estas formaciones parece haber sido diseñado intencionalmente en alineamientos no del todo circulares, sino en forma de elipses, círculos aplanados (toroides o elipsoides de rotación) u ovoides, aparentemente con la idea de obtener un número entero en la relación (cociente) entre el perímetro y el radio mayor de la formación.

Algunos de los emplazamientos de este tipo hallados en Escocia, como el *sidh* de Brodgar, en el condado de Orkney, sugieren la utilización de un patrón único de medida, posteriormente bautizado por los arqueólogos "*yarda megalítica*" y que equivale a 82,9 centímetros en el sistema métrico decimal. De ser correctas estas interpretaciones, implicarían que en la Europa neolítica existieron conocimientos de medición y geometría en fechas muy anteriores a las que proporcionan los registros históricos escritos, que atribuyen esas técnicas a las primeras civilizaciones de Egipto y la Mesopotamia.

Stonehenge. Uno de los ejemplos más típicos de formaciones del quinto tipo es Stonehenge, uno de los monumentos megalíticos más famosos de Europa, ubicado a 13 km al norte de la ciudad de Salisbury, una ciudad del condado de Wiltshire, al sur de Inglaterra. Excavaciones y mediciones con carbono 14 han demostrado sin lugar a dudas que Stonehenge posee una historia excepcionalmente prolongada de uso como centro ritual o religioso. Durante la primera etapa (alrededor

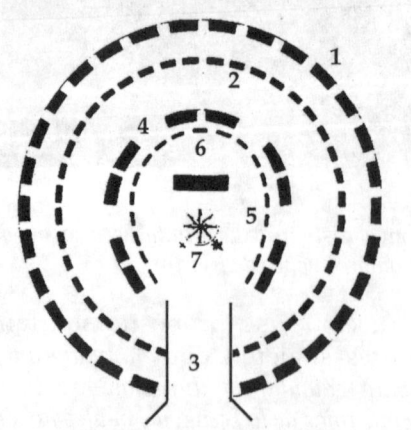

1)Talud exterior. 2) Fosos de Aubrey. 3) Portal de entrada. 4) Doble círculo de menhires. 5)Tetralitos. 6)Trilitos. 7) Fosos centrales Y y Z

del año 2.800 a. C.), de las cinco que abarcó su construcción, el emplazamiento estuvo rodeado por un foso circular que circundaba una meseta central más elevada que el resto del terreno, a la cual se accedía por medio de una entrada orientada hacia el noreste.

Excavados en la meseta interior, cerca del talud del foso, había 56 agujeros —bautizados luego como *Pozos de Aubrey*, en honor a su descubridor, John Aubrey, en el siglo XVII— que más tarde (posiblemente durante la época intermedia de la Edad de Bronce celta) fueron utilizados para el entierro de cuerpos previamente cremados, quizás como precedente de las ejecuciones por fuego que veremos en épocas posteriores.

Vista aérea actual del conjunto megalítico de Stonehenge, en el condado de Wiltshire, Inglaterra

En la zona aledaña a la entrada, por la parte exterior, los constructores erigieron un gigantesco portal de roca arenisca que fue modificado durante la Etapa II, posiblemente por integrantes de la cultura Beaker, quienes agregaron un camino de tierra, hoy conocido como La Avenida, que llega al foso desde el noreste, pasa sobre él y se interna en la meseta central.

Algo más tarde, otros integrantes de la misma cultura añadieron, por la parte interna del foso, un doble círculo de grandes menhires de mineral de cobre (azurita) procedente originariamente de los Montes Preseli, en el sudeste de Gales. Tanto la avenida como el doble círculo fueron orientados hacia el punto del horizonte por donde aparece el Sol durante el solsticio de verano.

Algunos siglos más tarde (2.000 a. C.), durante la Etapa III, otros constructores erigieron en el centro de la formación un círculo de 30,5 m de diámetro, integrado por 30 tetralitos,[13] cuyas mesas formaban entre sí un anillo continuo que, en las partes que aún permanecen en pie, recuerdan una calzada elevada. Este círculo, a su vez, encierra un grupo de trilitos,[14] también de piedra arenisca, dispuestos en forma de herradura; tanto las rocas del anillo exterior como las de la herradura, que fueron transportadas a lo largo de 30 km, desde las canteras de Malrlborough Downs, debieron ser talladas con martillos de piedra, para que se ajustaran unas a otras. Cabe destacar que la precisión mostrada por los constructores como así también los refinamientos arquitectónicos que pueden apreciarse en el conjunto, no tienen parangón en ningún otro monumento megalítico del noreste europeo, y muy pocos en el continente mismo.

Durante la Etapa IV, ya bastante posterior (circa 1.550 a. C.), constructores no identificados reerigieron algunas de las rocas basálticas que habían sido derribadas, formando con ellas un estructura oval que contenía al menos dos trilitos en miniatura, y excavaron una serie de agujeros (hoy conocidos como fosos Y y Z), por la parte exterior del círculo de piedras areniscas; este plan fue abandonado sin terminar, aunque la casi totalidad de las rocas basálticas fueron reagrupadas en el círculo original y la herradura, manteniéndose con esa conformación hasta la época actual.

En la Etapa V, ya en pleno Período Eneolítico, la Avenida fue extendida hasta el río Avón, distante 2 km del portal de acceso a Stonehenge.

Es interesante destacar que, entre todos los monumentos megalíticos de Europa, Stonehenge es único no sólo por el largo período en que fue utilizado, sino también por la precisión de su planeamiento y sus detalles arquitectónicos. Sin embargo, la tesis largamente discutida de que Stonehenge fue un templo druida es insostenible, ya que estos últimos recién aparecen en la cultura celta unos pocos cientos de años antes de la Era Católica.

Muchos fueron los intentos de explicar, con afirmaciones más o menos avaladas por hechos, las posibles aplicaciones y propósitos de la construcción neolítica más grande de Europa, y en los últimos años se fue afirmando cada vez más la idea de que constituye un observatorio astronómico, pero el asentamiento se encuentra hoy tan arruinado y ha sufrido tantas restauraciones —no todas ellas con verdadero criterio científico— que cualquier afirmación sobre su alineamiento original debe basarse forzosamente en la intuición; todo lo que puede decirse con fundamento es que, a partir de la Etapa II en adelante, el eje de simetría de la estructura estuvo orientado aproximadamente hacia el punto de salida del Sol durante el solsticio de verano.

La Edad de Bronce

El Período Eneolítico Europeo, dentro del cual la cultura celta, constituye una parte relevante, se caracterizó entre otras manifestaciones, por la superposición de símbolos y figuras esquemáticas en megalitos que databan ya de varios siglos de antigüedad. Estas modificaciones aparecen con mayor asiduidad en el siglo XX a. C., encontrados en lugares tan disímiles como España, Escandinavia y la región del Lago Onega, en Karelia, Rusia. También algunas de las tallas descubiertas en megalitos neolíticos en Monte Bego y Val Camonica, Italia, parecen haber sido hechos en la Edad de Bronce, e incluso en la temprana Edad de Hierro, después del año 1.000 a. C. Sin embargo, cabe destacar que el cambio fue muy paulatino, y las diferentes etapas aparecieron en distintas épocas.

Los comienzos de la metalurgia en Europa

La Edad de Bronce europea está signada por la aparición de la metalurgia, específicamente por el uso del cobre y su aleación más sencilla, el bronce. Sin embargo, el desarrollo de esta nueva tecnología significó un proceso largo y dificultoso, que comenzó con el uso directo del cobre nativo (nódulos naturales de metal puro), trabajados mediante el martillado en frío, pasando por el fundido y el moldeado, hasta el uso del estaño para lograr un material más duro y resistente, como el bronce. En realidad, en algunas regiones el proceso resultó tan largo, que muchos autores se refieren a una etapa temprana de la Edad del Cobre, o Período Chalcolítico.[15]

Si bien los primeros objetos de cobre comenzaron a aparecer en Europa con la cultura Vinca' ubicada arqueológicamente en la región de los Balcanes, tal vez antes del siglo L a. C., esas manifestaciones no llegaron a las regiones de influencia celta sino hasta casi 1.000 años después, coincidiendo con el neolítico tardío de las culturas Michelsberg[16] y Beaker, que cubrieron el centro, oeste y norte de Europa hacia fines del tercer milenio a. C.

Si bien los rasgos más representativos de estas culturas son las tumbas individuales y el uso de sogas y cuerdas, los utensilios más importantes descubiertos en las tumbas de la cultura Beaker son los elementos de cerámica decorada, pequeños cuchillos de cobre y, en algunos casos, ornamentos de oro trabajados en frío. Por otra parte, la gran diferencia en riqueza evidenciada por estas tumbas demuestra la aparición de distintos niveles de status social y económico, en contraste con la —aparentemente— más igualitaria y equitativa sociedad del neolítico.

El período eneolítico celta

El arte de alear el cobre con estaño para obtener bronce, una aleación más dura y resistente, que había surgido en los Balcanes en el tercer milenio a. C., llegó al área de influencia céltica, pasado el año 2.000 a. C., cuando ya se hallaba firmemente afincado en el resto de Europa. A partir de ese momento, las hachas, dagas y espadas de bronce pasaron a ser instrumentos comunes en las tumbas individuales de los enterratorios proto-celtas, lo que demuestra una cultura netamente guerrera y agresiva desde sus mismos comienzos.

La riqueza que caracterizó a la temprana sociedad celta de la Edad de Bronce, se manifiesta claramente en la cultura Essex del sur de Inglaterra, donde los objetos encontrados en las tumbas incluyen dagas triangulares de bronce y oro, y ornamentos de ámbar y otros materiales considerados preciosos; por otra parte, esto no era un fenómeno aislado, sino que coincide con los hallazgos efectuados en otros sitios arqueológicos de la Bretaña francesa y la cultura Unetice[17] de la Europa centro-occidental.

La habilidad de los artesanos del bronce fue progresando rápidamente a lo largo del segundo milenio, a medida que surgían nuevas técnicas de aleado y moldeado del metal. El diseño de las hachas se hizo más y más eficiente, como así también el diseño de nuevas armas, más livianas y efectivas; las dagas de las primeras épocas se transformaron en rapiers (estoques) y espadas de diversas formas, y surgieron nuevos y más elaborados ornamentos de bronce, especialmente alfileres, dijes y brazaletes. La metalurgia del bronce se especializó y centralizó los ejes del poder, especialmente con el descubrimiento de nuevos métodos de recolección de la materia prima, y la distribución y comercialización de los productos terminados.

Daga de bronce labrado datada en el año 1.150 a. C. Se supone que era utilizada en sacrificios rituales

Rápidamente se introdujeron nuevas técnicas, como el laminado del metal, que hizo que en los hogares de mayor nivel social comenzaran a verse platos, vasos, escudillas y baldes de metal, inicialmente asociados a los ritos religiosos familiares, para luego extenderse a las tareas domésticas. En la industria de la guerra, siempre a la vanguardia en un pueblo guerrero y belicoso, las técnicas de laminado dieron lugar a la fabricación de cascos, armaduras, petos y escudos; nuevos métodos de moldeo perfeccionaron las hachas con ojo para el astil, mientras que renovados tipos de espadas, diseñadas para cortar, más que para atravesar, anunciaban una revolución en los métodos de lucha.

La cultura Urnfield

Paralelamente al avance de la metalurgia, el fin del segundo milenio mostró cambios quizás más importantes en los campos de la sociedad y la cultura: surge así la hoy llamada Cultura Urnfield, (literalmente, *campo de urnas*, en inglés) término con que se identifica a los cementerios donde se encontraron los primeros ejemplos de inhumación Urnfield, con su sistema de cremación y entierro en urnas ceremoniales a ras del piso, en las cuales se encontraron la mayoría de los objetos que permitieron recomponer los sucesos cotidianos de la sociedad Urnfield.

Placa central de bronce de un escudo, con detalle de cabezas decapitadas, características de la etapa Urnfield

El desarrollo social

Ancestros directos de los celtas, los integrantes de la cultura Urnfield surgieron originariamente en el este de Europa, como lo indican los cementerios encontrados en Hungría y Rumania, que han podido ser rastreados hasta los comienzos del segundo milenio (año 2.800 a. C.). Hacia el siglo XXII a. C. habían cruzado el Rin y en el XVI llegaron al sur de Francia y comenzaron a extenderse hacia el noreste de España, Portugal, norte de Francia e Italia, las actuales islas de Jersey y Guernsey, en el Canal de la Mancha, y finalmente a las Islas Británicas, donde se asentaron definitivamente hacia el siglo IX a. C.

Los cambios radicales aportados por la cultura Urnfield afectaron severamente los estratos más elevados de la sociedad contemporánea, incrementando las diferencias entre los niveles sociales, que en los primeros años de la Edad de Bronce habían sido más aparentes que reales. Estas diferencias están netamente demostradas en los objetos que acompañan a las urnas funerarias, y en las urnas mismas, que van desde simples cacharros de arcilla escasamente dibujados, hasta lujosas urnas de láminas de cobre, suntuosamente labradas con diseños lineales, curvos y espiralados, y decoradas con incrustaciones de oro y bronce.

Otro de los rasgos característicos de la cultura Urnfield son las fortificaciones encontradas en las cimas de las montañas, actualmente conocidas como *hillforts*;[18] la construcción de estas fortalezas, sumada a la evolución de las armas y la adopción de nuevos métodos de lucha, dieron como resultado un notable incremento de la agresividad entre las distintas tribus, e incluso entre diferentes estratos sociales de una misma tribu o clan, probablemente a raíz de la competencia por los recursos mineros y agrícolas, especialmente en algunas áreas que habían sido severamente sobreexplotadas durante los últimos siglos del neolítico y el eneolítico temprano.

Actualmente se considera que los aportes de la cultura Urnfield finalizaron alrededor del siglo VII a. C., pero los cambios experimentados en el campo social, político y económico representan un marcado punto de inflexión en la prehistoria europea, ya que prepararon el terreno para el florecimiento de la cultura Hallstatt, ya de características netamente celtas.

Casco ceremonial de bronce esmaltado en dorado. Estos trabajos artesanales celtas eran muy cotizados y por lo general estaban reservados para las ceremonias religiosas, aunque en ocasiones se vendían en puertos tan lejanos como Massilia, Delos, Roma y Siracusa

La Edad de Hierro

La Edad de Hierro marca un período crucial en la historia de la humanidad, ya que simboliza el desarrollo definitivo de la tecnología, en que los objetos de este material se hicieron de uso general, reemplazando al bronce como el elemento básico para las armas y los utensilios de uso doméstico. Constituye la última etapa en la secuencia arqueológica conocida como el *Sistema de las tres Edades: Edad de Piedra, de Bronce y de Hierro.*

La Edad de Hierro en Asia y Europa occidental

Si bien aún no se ha determinado con certeza la época y el lugar donde fue fundido y moldeado por primera vez, la tendencia arqueológica general coincide en que la metalurgia del hierro comenzó con los hititas, al este de la meseta de Anatolia, entre los años 1900 y 1400 a. C., probablemente a causa de la sobreexplotación de los yacimientos de cobre y estaño accesibles a la tecnología minera de la época.

Paralelamente, y en forma casi contemporánea, el hierro comenzó a trabajarse también en China y Mongolia, donde se difundió y perfeccionó rápidamente, debido a la utilización de hornos de fuelle, sistemas adoptados en Europa recién durante la Edad Media. Los implementos que se atribuyen a este período de la prehistoria asiática son principalmente armas, como espadas, dagas y petos protectores, así como también utensilios domésticos, entre los que se cuentan hachas, azuelas, hoces, martillos y azadas y otros equipos que revolucionaron las técnicas agrícolas orientales.

En Europa, el comienzo de la Edad de Hierro, propiamente dicho, varía sensiblemente de una región a otra, e incluso de un país a otro, debido a la disponibilidad de fuentes de materia prima; sin embargo, se considera que, fuera de Grecia, las aplicaciones más tempranas del hierro se produjeron entre los siglos VIII y VII a. C., en que la creciente demanda de artículos y joyería de hierro desplazó rápidamente los implementos de bronce elaborados durante el eneolítico tardío. Cabe destacar que las técnicas aplicadas para el forjado del hierro durante este período se mantuvieron intactas prácticamente hasta la mitad de la Edad Media.

El Período Hallstatt

El nombre Hallstatt proviene de una ciudad en la región austríaca de Salzkammergut, famosa por sus minas de sal prehistóricas, donde por primera vez se descubrieron y reconocieron restos arqueológicos de esa cultura.

El período Hallstatt ha sido convencionalmente dividido en cuatro etapas: A y B, consideradas de transición entre el eneolítico y la Edad de Hierro (siglos X a VII a. C.) y etapas C y D, que abarcan entre los siglos VII y V a. C., y pertenecen definitivamente a la Edad de Hierro.

Las salinas de Hallstatt fueron explotadas por primera vez hacia fines de la Edad de Bronce, paralelamente a la iniciación de los enterramientos urnfield, aunque la mayoría de los yacimientos arqueológicos descubiertos pertenecen a la Edad de Hierro, y los más notables se encuentran en las regiones de Bohemia, Austria central y Bavaria,

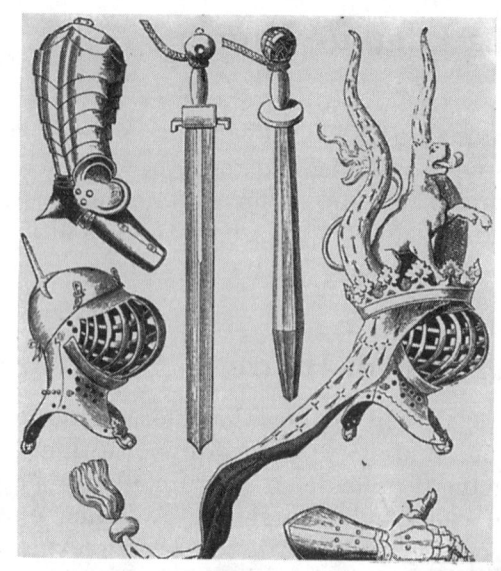

Espadas, cascos y armaduras de las etapas C y D del período Hallstatt tardío, entre los siglos VII y V a. C. Dibujos a tinta de Richard Hasdwynn, siglo XII

donde las tumbas contienen espadas de hierro enfundadas en vainas enchapadas en bronce y oro, vasos y jarras de metal batido y, ocasionalmente, petos, cascos y guanteletes de bronce.

La Edad de Hierro celta

La metalurgia del hierro llegó al territorio celta hacia el siglo VIII a. C., ya finalizando la cultura Urnfield y en los comienzos del período Hallstatt. Posteriormente, la migración celta de los años 450 a. C., comúnmente denominada período La Tene, marcó la división entre las etapas temprana y tardía de la Edad de Hierro, tanto celta como europea. Finalmente, el fin de la Era Prehistórica se ha establecido convencionalmente en la época de la expansión romana hacia la región alpina, cuando sus huestes invadieron las Galias, alrededor del año 15 a. C., en una conquista que duró hasta bien entrada la Era Cristiana.

Durante el período Hallstatt, los celtas se expandieron, a través de Francia, hacia la Península Ibérica hacia el sur y, hacia el este, hasta el centro de Europa. Sin embargo, la expansión militar —probablemente debido a la superpoblación y las tensiones políticas y sociales entre los clanes— no se detuvo allí; las fuentes literarias, más confiables en este tema que las arqueológicas y lingüísticas, indican que decenas de tribus célticas, como los *Boii, Insubres, Lingones* y *Senones* atacaron primero a

Etruria, y luego, reforzados por otros clanes procedentes del sur de Francia, llegaron a las costas del Adriático donde, alrededor del 390 a. C. atacaron y sometieron a Roma, penetrando incluso en el sur de Italia, territorios que los romanos recobraron posteriormente, arrojando de vuelta a los invasores más allá de los Alpes.

Una segunda oleada de expansión llevó a los clanes celtas a atacar el centro de Europa, los Cárpatos y los Balcanes; esta invasión fue luego comentada por el historiador romano *Titus Livius* (c. 64 a. C - 17 d. C.), quien en su *Historia de la República* narra cómo dos ramas de los *Bituriges Cubi*, una de las tribus celtas más poderosas de las Galias durante el siglo VI a. C., se establecían en las estribaciones de los montes Hercínicos, una cadena montañosa de la Alemania central, y desde allí hostigaban a las tropas germanas, regidas por Sigovesus, y a las italianas, bajo el mando de Bellovesus.

Las fuentes literarias griegas y romanas sugieren que los celtas llegaron a los Cárpatos durante el siglo IV a. C., invadiendo luego la actual Bulgaria, Rumania, Tracia y Macedonia, mientras que otros clanes atacaban el oráculo de Delfos, en Grecia, en el 279 a. C. El tratado de Titus Livius, mencionado anteriormente, consigna que una rama celta originaria de las Galias llegó a la meseta de Anatolia, donde fundaron el estado de Galatia.

Este fue quizás el punto más lejano alcanzado por la expansión celta hacia el oriente, y su nombre proviene de una rama celta de los *Lingones*, que se llamaban a sí mismos *Galos*, y que el rey Nicomedes I de Bithinia invitó a sus tierras, con la idea de convertirlos en mercenarios. El carácter independiente y belicoso de los guerreros celtas hizo que comenzaran a incursionar por sí mismos, y que en el año 275 a. C. Antigonus I, rey de Seleucia, los atacara y confinara en la región noroeste de Turquía, a orillas del Bósforo y el Mar de Mármara, donde fundaron un estado que bautizaron con ese nombre. La influencia celta en la zona fue grande, y algunos de sus dialectos perduraron en la región hasta los siglos V y VI d. C.

La etapa A del período Hallstatt permitió que antes del siglo VI a. C., el hierro hubiera reemplazado prácticamente al bronce en todos los implementos domésticos metálicos, especialmente los instrumentos de trabajo, como hachas y martillos, las herramientas agrícolas y, sobre todo, las espadas, escudos, cascos y armaduras de los guerreros, que crea-

Los cascos astados, como éste, encontrado en el río Támesis, sugieren que eran diseñados tanto para proteger como para amedrentar

ron nuevas técnicas de guerra; el bronce pasó a ser utilizado únicamente en delicados trabajos de orfebrería, joyería y artículos laminados, como copas, jarros y baldes para el uso doméstico de las familias más pudientes. Los espejos enmarcados en metal, los brazaletes, broches y ajorcas pasaron a constituir una valiosa moneda de cambio en los puertos internacionales griegos y cartagineses.

El espejo de Desborough, encontrado en el condado de Northamptonshire, Inglaterra, es uno de los ejemplos más acabados de la artesanía celta, por su decoración con motivos de hojas y flores estilizadas, delicadamente grabadas en bronce y esmaltadas en color

Sin embargo, a pesar de los cambios que la cultura del hierro aportó a los métodos de guerra de los celtas, la mayoría de las restantes costumbres y tradiciones permanecieron relativamente invariables, especialmente en lo concerniente a los esquemas sociales políticos y económicos, como así también en la cerámica y la alfarería.

La etapa Hallstatt B acarreó también visibles cambios en las costumbres funerarias celtas, en las cuales se iniciaron nuevamente las inhumaciones en tumbas de galería o atrio, aunque con ciertas modificaciones en los ritos previos, especialmente en los entierros de personajes de la nobleza, o guerreros destacados. Una de las costumbres más rápidamente aceptadas fue la de incinerar el cadáver en un carro de cuatro ruedas encerrado en una cámara mortuoria bajo un túmulo de tierra (barrow), una tradición muy difundida en Asia desde muchos siglos antes.

En estas tumbas se encontraron, además de los carruajes, decorativos yugos de madera labrada, arneses de cuero decorados en bronce y oro y gran cantidad de enseres domésticos y otros artefactos, que denotan un ritual enterratorio sumamente complejo.

También han sido atribuidos a esta etapa los primeros castillos fortificados del noroeste de Europa, de los cuales el ejemplo más difundido es el de Heuneburg, sobre el Danubio, en las cercanías de Heidenheim, al sur de Alemania, que fue reconstruido al menos cinco veces, y el de Mont Lassois, en la localidad de Châtillon-sur-Seine, al noroeste de Francia.

La tumba de Vix

Una de las tumbas más notables del período Hallstatt, fechada por el carbono 14 en los últimos años del siglo VI a. C., es la descubierta por el célebre arqueólogo inglés, Sir Thomas Kendrick, en la fortaleza (*hillfort*) de Vix, un pueblo cercano a Châtillon–sur–Seine, en el centro-este de Francia, en 1953. El túmulo funerario de Vix proporciona evidencias incontrastables del prolífico comercio entre los celtas y el mundo griego (que por aquel entonces se extendía hasta las costas del Mediterráneo, con la ciudad de *Massilia*, hoy Marsella).

La mayoría de los autores romanos han coincidido en que este comercio se realizaba por medio de trueques, en los cuales los celtas aportaban artesanías en plata, oro, bronce y esmalte (especialmente joyería), mientras que los griegos aportaban urnas funerarias, utensilios de cocina y trabajos de orfebrería de escultores famosos, como *Eufronius*[19] y *Smikros*, su discípulo más aventajado

La tumba de Vix pertenece a una mujer de clase alta, probablemente una princesa, que fue enterrada en un ataúd rectangular, enchapado en madera de roble, junto al cual se había colocado un carro de cuatro ruedas con varios personajes a bordo, cuyas actitudes sugieren una despedida.

Entre los utensilios descubiertos junto al féretro se incluyen una gargantilla de oro, cuencos y tazones de plata y bronce y una copa griega de estilo ático (ateniense) que fue datada circa 520 a. C. Sin embargo, la pieza más importante es una urna funeraria de bronce (krater)[20] en forma de cáliz de más de 1,5 m de

Carro de cuatro ruedas hallado en la tumba de Vix, en Francia. Fue datado por Carbono 14 en el siglo V a.C.

altura y una capacidad de 1.250 l, decorada en el estilo *black–figure,* a la que se le atribuye haber sido pintada por *Euphronius;* el krater de Vix se considera uno de los hallazgos funerarios más destacados del período Hallstatt.

El período La Tene

Si bien algunos grupos Hallstatt sobrevivieron en el sur de Francia, Checoslovaquia y Yugoslavia hasta más allá de la mitad de los años 500 a. C., ya en los comienzos del siglo V, la cultura Hallstatt estaba siendo eclipsada por una nueva cultura, hoy conocida como La Tene,[21] inspirada en los nuevos centros comerciales del Mediterráneo, especialmente los relacionados con los etruscos, que se habían desplazado más al norte, hacia las regiones de las *Galias.*

Este término (del latín *Gallia*) es el nombre antiguo de una región aproximadamente equivalente a los actuales territorios de Francia, Bélgica, Luxemburgo, Austria y la cuenca del Rin y Bohemia en Alemania; en Italia, el valle del río Po fue bautizado por los romanos *Gallia Cisalpina* (la Galia de más allá de los Alpes). Durante el período La Tene, no sólo las Galias, sino también las Islas Británicas y grandes regiones del norte de la Península Ibérica, los Países Bajos y el extremo sur de Escandinavia estaban poblados por distintas tribus celtas, muchas de las cuales sobrevivieron hasta la llegada de los romanos, quienes encontraron en ellas los obstáculos más firmes para su expansión.

Y es en esas zonas de las tierras altas, abundantes en yacimientos metalíferos y minas de sal, donde se encontraron los enterratorios más típicos de la cultura La Tene, ricamente equipados y adornados, y ya sin los carros característicos de Hallstatt, sino generalmente en forma de inhumaciones bajo montículos similares a los barrows, aunque más pequeños, que contenían artículos importados del Mediterráneo, junto a carruajes de dos ruedas y objetos de bronce y oro de manufactura local.

También emergieron nuevas modas en armas y ornamentos: las espadas se hicieron más grandes y pesadas, preanunciando los mandobles y las tizonas de los siglos venideros, y las mujeres comenzaron a utilizar ajorcas, gargantillas, pulseras y collares, a menudo adornados con conchas de nácar y caracoles provenientes del Mediterráneo; dado que esta cultura está universalmente asimilada a las tradiciones celtas, la mayoría de los arqueólogos la identifican como Arte Céltico.

Uno de los hallazgos más característicos de esta época es el caldero de Gundestrup, encontrado en un *cairn* en la península de Jutlandia, hoy Dinamarca, en las afueras de la villa de la que recibió el nombre, ubicada en las costas de la bahía de Aljborg, a pocos kilómetros de la ciudad de Århus, en cuyo museo se encuentra hoy en exhibición.

Si bien fue desenterrado de un monumento funerario, no puede confirmarse a ciencia cierta su aplicación, que podría ser la de una urna funeraria, aunque existen ciertos indicios de que se tratara de la tumba de un druida, lo que hizo afirmar a varios autores que posiblemente fuera el caldero donde éste preparaba sus pociones mágicas.

Detalles del caldero de Gundestrup, hallado en las proximidades de la villa homónima, en la península de Jutlandia, actual Dinamarca

El cuenco, de 70 cm de diámetro por 40 de alto, consta de un fondo cóncavo, alrededor del cual se han soldado doce placas de plata labradas en sobrerrelieve mediante el martillado en frío, y adosadas por el revés, de forma que seis de ellas presentan sus figuras hacia el interior del caldero, y las otras seis hacia el exterior. Las seis exteriores muestran imágenes de personajes de la mitología celta, mientras que las interiores reproducen escenas bélicas y de caza; ambas series están pintadas según el estilo *black–figure*.

Sin embargo, y aunque unos pocos de estos entierros suntuosos han sido datados después del siglo IV a. C., las tumbas posteriores son más uniformes, aunque los guerreros seguían siendo enterrados con sus mejores escudos, lanzas y espadas, y las mujeres con sus ornamentos más lujosos, especialmente prendedores, brazaletes y gargantillas. Los contactos con las culturas mediterráneas, aunque menos frecuentes, no cesaron del todo, y en el siglo III a. C. fueron acuñadas en el noreste de Europa las primeras monedas de oro, copiadas de las impresas por Filippo II de Macedonia.

La cultura La Tene alcanzó su cúspide y comenzó a declinar hacia el siglo I a. C., antes de iniciarse las conquistas romanas hacia el norte y el este, cuando comenzaron a establecerse los primeros emplazamientos romanos, denominados *opidae* (ciudades) en Hungría y el centro de Francia. Las *opidae* eran sitios fortificados, generalmente ubicados en la cima de montes bajos, aunque se encontraron algunas de ellas erigidas en valles fluviales.

Otro rasgo interesante de la cultura La Tene lo constituyen los pueblos lacustres, de los cuales los más conocidos en Europa son Glastonbury, en Irlanda, y Meare, en el condado de Somerset, en Inglaterra. Su construcción y ocupación data de los siglos III al I a. C., y cuando fueron excavados por primera vez, en 1927, se pensó que estos villorrios celtas habían sido edificados directamente sobre las aguas de los lagos, quizás para poder ser más fácilmente defendidos en caso de ataque. Sin embrgo, posteriores excavaciones demostraron que los restos pertenecen a distintas etapas, y que los pueblos fueron erigidos sobre terrenos pantanosos a las orillas de los lagos, y no directamente sobre las aguas.

Se ha podido constatar que, en su etapa final, Glastonbury constaba de 90 chozas, cuyas paredes estaban construidas con palos muy juntos, clavados en el fondo mismo del lago, que sostenían un piso de maderos rústicos, a suficiente altura como para no ser alcanzados por las crecientes.

Si bien aún no se han podido comprobar los medios de acceso, hay indicios que sugieren que se llegaba a las chozas por medio de pasarelas, que podían ser fácilmente retiradas en caso de ataque, o mediante canoas construidas con un tronco ahuecado, o con un esqueleto de ramas o huesos de animales, forrado en cuero crudo; estas últimas se asemejaban mucho a los *kayaks* esquimales, y se los denominaba *curragh*, que en celta antiguo significaba "el que camina por el agua".

De las 90 chozas registradas en la última reconstrucción (fue abandonada y reocupada al menos en 3 ocasiones), 60 estaban ocupadas, y algunas de las restantes se utilizaban como depósitos comunitarios para alimentos y herramientas.

Excavaciones realizadas en Stare Hradisko (Checoslovaquia) y Manching (Alemania), demuestran que se trataba de ciudades densamente pobladas, en las que abundaban los mercados y los centros de producción industrial, especialmente relacionados con artículos de hierro, bronce, cristal, cuero, madera y cerámica. También se acuñaron monedas, y comenzaron a aparecer las de pequeño valor, para las transacciones cotidianas, y se reiniciaron las relaciones comerciales con el Mediterráneo, principalmente vino en ánforas y jarras italianas de bronce.

Es interesante destacar la importancia que los pueblos del Mediterráneo daban a su relación con la cultura celta, avalada por la literatura contemporánea, que demuestra que los celtas fueron conocidos por los griegos desde antes del siglo V a. C. *Hecateus de Mileto* (c. siglo VI-V a. C.) sitúa la tierra de *Kelitkè* cerca de Liguria, una región al norte de Italia, entre la Toscana y el límite con Francia, mientras que *Herodoto*, conocido como "el padre de la historia escrita", afirma que es *"...el río Danubio el que atraviesa la tierra de los celtas"*, discrepancia que puede atribuirse al extenso territorio ocupado por los celtas en ese momento.

Autores posteriores, como *Polybius* (c. 200-118 a. C.), historiador griego de las campañas romanas, *Poseidonius*, (c. 135-51 a. C.) escritor estoico recopilador de tratados históricos y geográficos, y *Pompeius Trogus* (c. 106-62 a. C.), proporcionaron mayor información. Sin embargo, la fuente más aceptada sobre la historia y prehistoria celtas son los escritos de Julio César quien, durante su invasión a las Galias escribió *De Bello Gallico*, un tratado exhaustivo sobre las tribus galas, cuyas observaciones fueron luego plenamente ratificadas por las excavaciones arqueológicas en la región. También *Strabo* (c. 63 a. C.-21 d. C,), historiador y geógrafo griego, *Velleius* y *Cornelius Tacitus* (c. 52-115 d. C.), senador e historiógrafo romano, aportaron posteriormente evidencia indirecta sobre el mundo celta, especialmente durante la Edad de Hierro y el período La Tene.

Influencias en la cultura y el arte celtas

Como era de esperarse, las primeras influencias de La Tene en territorio celta estuvieron asociadas con las armas y los ornamentos, aunque en dos versiones ligeramente distintas: la continental, más similar a la europea, y la insular, limitada a las Islas Británicas, con pequeñas diferencias, especialmente en el arte decorativo, la pintura y la escultura. Sin embargo, a comienzos de la década del 50 a. C. surgió un esquema urbano similar al europeo: algunas de las ciudades del oeste de Inglaterra y Escocia comenzaron a derivar, de verdaderas fortificaciones, como la de Maiden Castle, a estructuras más parecidas a las *opidae*, con sus mercados y centros industriales, como Colchester, en el sudeste de Inglaterra.

Otra de las características diferentes entre la etapa La Tene celta y la mediterránea consiste en ciertas formas de sacrificios y enterramientos rituales que, aunque aún no han sido adecuadamente estudiados, presentan algunos ejemplos, como el del *hombre de Lindow*, en Inglaterra o el de *Tollund* en Jutlandia, Dinamarca.

El Hombre de Lindow

El Hombre de Lindow fue desenterrado en 1984 de una turbera en la localidad de Stoke-on-Trent, cerca de la ciudad de Manchester, en el centro de Inglaterra. El cadáver, perfectamente conservado a pesar de sus casi 2.300 años de antigüedad, es notable por el método empleado para ejecutarlo, ya que se ha comprobado que fue primeramente apaleado y sometido al tormento del *garrote*,[22] para luego ser degollado y sumergido en agua, probablemente con fines de preservación. La complejidad y contumacia de este ritual de ejecución ha conducido a algunos arqueólogos a afirmar que se trató de un delito sumamente grave, y que el ejecutado pertenecía a la alta sociedad celta, posiblemente incluso un druida de categoría superior.

La suposición de una ejecución está avalada por el hallazgo en el estómago del cadáver de un trozo de una especie de pan ázimo (*bannock cake*), tradicional última cena concedida a las víctimas de sacrificios celtas. Como dato complementario, la falta de cicatrices corporales (aparte de las causadas durante la ejecución) indicaría que el muerto pertenecía a una clase noble, aunque no guerrera.

Se ha sugerido también que la muerte del hombre de Lindow resulta muy semejante por sus características y complejidad a la del hombre de Tollund y otros cuerpos desenterrados de algunos yacimientos de turba del centro de la península de Jutlandia, actual Dinamarca; esto ha hecho pensar a muchos arqueólogos que, si esos cadáveres pertenecen realmente a druidas, entonces la influencia de la cultura celta en Europa puede haberse extendido geográficamente bastante más de lo que originalmente se había pensado.

Expansión y decadencia

A partir del siglo IV a. C., la trayectoria guerrera y expansiva de los celtas fue cuidadosamente registrada por los historiadores; *Polybius*, en su *Historia de Roma*, narra que en el año 387 a. C. los romanos fueron vencidos por los celtas en la batalla de Allia, y Roma fue saqueada por ellos; de allí en más, los clanes guerreros fueron una verdadera pesadilla para la Italia romana, hasta que Julio César los derrotó definitivamente en las Galias, en el 57 a. C.

Durante el período La Tene, los celtas incursionaron también sobre la región de los Cárpatos y Macedonia, penetrando en territorio griego hasta Delfos, hasta ser expulsados por las tropas de Etolia. Sin embargo, la belicosidad de los guerreros galos era ya proverbial, y muchos de ellos fueron contratados como mercenarios por los ejércitos helénicos y macedonios; sobre este particular, Carney y Greene,[23] etnógrafos ingleses, reportan haber desenterrado un escudo celta en un sitio arqueológico estudiado en el desierto de Libia, perteneciente a la dinastía Ptolomeica (323-30 a. C.).

Un hito crucial en la historia de los celtas de Bretaña fue la incursión de la tribu germana de los *Cimbri*, cuyo asalto fue repelido por el clan de los *Boii* alrededor del año 113 a. C., en las proximidades de Bohemia. Sin embargo, algunos años más tarde, los cimbri se aliaron con los *Scordisci* y los *Teutones* y renovaron su ataque, logrando penetrar casi hasta las fronteras de Aquitania, la región más sudeste de las Galias. A pesar de que los cimbri fueron definitivamente vencidos por los romanos en el valle del Po, hacia fines del siglo I d. C., sus incursiones a territorio celta fueron el preanuncio de nuevas invasiones.

Las fases finales

A partir de la segunda mitad del siglo III a. C., el mundo celta se vio aprisionado en medio de dos fuerzas igualmente poderosas: por un lado, las huestes germanas, que comenzaban a extenderse hacia el sur, más allá de los ríos Rin y Danubio, y por otro, el Imperio Romano de Julio César en su expansión hacia el norte y el este.

En el primer caso, uno de los clanes afectados en primer lugar fue el de los *Boii,* quienes, a pesar de poseer un fuerte asentamiento fortificado, fueron desalojados de la región de Bohemia por las huestes germanas, tras lo cual se refugiaron en la zona de Pannonia, actual territorio de Albania, Hungría y Yugoslavia. Posteriormente, los nuevos emplazamientos boii fueron destruidos por Burebistas, rey de la Dacia, y los celtas debieron retroceder y refugiarse en las Galias, a través de Suiza y el norte de Francia.

En el siglo I a. C., en su *Comentarios sobre la guerra de las Galias,* Julio César describió esa región de la Europa occidental —a la que denominaba *Gauls*— como integrada por tres provincias: *Aquitania* y la homónima *Galla,* al sudeste y al centro, respectivamente, de la actual Francia, y la *Belga,* ocupando el norte de ese país y parte de Bélgica, Suiza y Holanda. Según su clasificación, sus habitantes, los *galos,* comprendían varias tribus, entre las cuales enumera las siguientes: los *Helvéticos,* en la actual Suiza, los *Sequani* y *Lingones* en el extremo oeste, los *Arverni* en la región francesa de Auvergnes, los poderosos *Aedui* entre los ríos Loire y Saône, los *Bituriges* a lo largo del valle del Loire, los *Cantae* y *Atrebates* en Suiza y los *Belgae* y *Durotriges* en Bélgica y Holanda, respectivamente.

Hacia comienzos del siglo I a. C., Julio César subyugó a los helvéticos y otros clanes temporalmente aliados a ellos, y envió dos expediciones a las Islas Británicas, que regresaron sin éxito; entre las tribus atacadas por los soldados romanos durante sus incursiones a las islas, César menciona a los *Dumnonii* en Cornwall, los *Dobuni* en el Támesis superior y los *Ordovicios* en Gales.

Durante el invierno del 54 y la mayor parte del 53 a. C., las tropas de Julio César debieron soportar el acoso de esporádicas revueltas en el norte de las Galias, la mayor de las cuales llegó en el 52, cuando una coalición de tribus de la Galia Central, bajo el mando de Vercingetórix, se levantó contra la ocupación, en una revolución que fue sofocada terminantemente por los ejércitos romanos en la batalla de Alesia (año

52 a. C.). La derrota de Alesia (véase Glosario) significó el colapso de la dominación celta en la región, pero durante varios años, levantamientos menores provocaron considerables frustraciones a César, quien no logró eliminar definitivamente la resistencia celta. A partir de esa época, con la pérdida de la mayoría de sus emplazamientos continentales, la tradición celta se vio reducida a las Islas Británicas (principalmente Irlanda y las Tierras Altas de Escocia) y algunos puntos aislados de las Galias, en el actual territorio de la Bretaña francesa; no obstante, muchas de sus tradiciones, como así también manifestaciones y representaciones artísticas, perduraron hasta bien avanzada la Era Cristiana (siglos VII al IX d. C.).

Detalle de una de las placas exteriores del caldero de Gundestrup, que muestra a uno de los dioses celtas, posiblemente Cernunnos

Capítulo II

La Era Cristiana

Las edades del hombre

No fue sino hasta fines del siglo XV que los investigadores comenzaron a comprender que la historia del hombre no podía estudiarse bajo el prisma de un solo período, sino que su evolución estaba claramente signada por hitos bien definidos, que la dividían en etapas muy diferentes, cuyos acontecimientos debían ser analizados por separado

Así, por ejemplo, fue recién a mediados del siglo XVI d. C., que el historiador italiano Flavio Biondo[1] consideró el saqueo de Roma por los visigodos como el hito de separación entre la Edad Antigua y la Edad Media, y al año 1410 como la fecha de división entre ésta y la Edad Moderna, aunque sin adjudicarle a la última ningún nombre especial.

Esto marcó una tendencia en el estudio de la historia, y casi dos siglos más tarde, hacia mediados de la década de 1740, un popular libro de texto alemán[2] publicó por primera vez la división de la historia humana en *Edades* que posteriormente sería aceptada por el consenso científico mundial; según esta clasificación, las *Edades* de la historia humana son las siguientes:

1) La *Prehistoria*, que comprende todo el desarrollo primitivo del hombre, desde sus orígenes —de los que se tienen conocimientos por la paleontología— hasta la aparición de las primeras manifestaciones políticas y sociales. Como ya hemos visto, esta etapa se subdivide a su vez, según las herramientas y materiales utilizados, en *Paleolítico* (del griego *paleos* = viejo y *lithos* = piedra), *Neolítico* (de *neo* = nuevo), *Edad de Bronce* o *Eneolítico* (de *eneos* = bronce) y *Edad de Hierro*.

Esta etapa comienza hace aproximadamente 25.000 años, con los primeros registros paleontológicos más antiguos, pero aún no se ha llegado a una conclusión definitiva sobre su finalización ya que, si bien los criterios coinciden en que se extiende hasta *la aparición de los primeros signos de organización política y social*, estas manifestaciones no se han dado simultáneamente en todas partes del mundo; de allí las disidencias, particularmente entre los científicos europeos y los americanos.

2)   La *Edad Antigua*, que abarca desde la aparición de dichas organizaciones hasta la caída del Imperio Romano, fijada convencionalmente en el año 476 d. C.,[3] con la rendición del emperador *Romulus Augustus* al capitán de mercenarios de raza hérula, *Odoacro*, quien se hizo proclamar rey de Italia.

3)   La *Edad Media*, desde el 476 d. C. hasta la caída de Constantinopla a manos de los turcos, en el año 1453.

4)   La *Edad Moderna*, desde esa fecha hasta la toma de la Bastilla, al comienzo de la Revolución Francesa, en el año 1789.

5)   La *Edad Contemporánea*, desde 1789 hasta nuestros días. El nombre de esta última división ha sido (y aún lo es) objeto de polémica, ya que resulta difícil pensar que nuestros descendientes, al cabo de algunas generaciones, sigan llamando "contemporáneos" a hechos y acontecimientos que habrán sucedido mucho antes de su nacimiento.

La Edad Media europea

Los humanistas del Renacimiento denominaron convencionalmente Edad Media al período que va desde el fin del Imperio Romano hasta su propia época, en la convicción de que su civilización era un renacimiento —de allí el término— de las etapas cumbres del intelectualismo griego y romano.

No obstante, posteriores investigaciones históricas determinaron con mayor precisión las fechas y el desarrollo de ciertos acontecimientos puntuales que mostraron la necesidad de subdividir ese período en diferentes etapas; la mayoría de los historiadores actuales reconocen la división más difundida, establecida en cuatro etapas diferentes.

Subperíodos de la Edad Media

Dentro del milenio abarcado por la Edad Media, los historiadores coinciden en reconocer dos períodos netamente diferenciados: la *Edad Media Temprana*, entre los siglos IV y X, la *Alta*, desde esa fecha hasta fines del siglo XIII, y la *Tardía*, que abarca los siglos XIV y XV.

La Edad Media Temprana

Se caracteriza por la declinación y caída del Imperio Romano, las invasiones bárbaras y el triunfo de la Cristiandad en todo el territorio europeo. El Imperio Occidental se vio fragmentado en cientos de pequeños reinos bárbaros, entre los que se contaban godos, germanos, hunos, francos, etc., hasta que en el día de Navidad del año 800 d. C., Carlomagno, rey carolingio de los francos, fue coronado por el Papa León III Emperador Supremo del Imperio de Occidente.

Sin embargo, el flamante imperio nació con una falencia que acarrearía su desaparición: el emperador Carlomagno nunca logró delegar apropiadamente el mando de los lugares más apartados, ni recaudar impuestos directos, por lo que hacia el año 900 el imperio se había desperdigado en una miríada de pequeños condados, ducados, marquesados, obis-

Estatuilla de Carlomagno, rey franco a quien, en el siglo IX, el Papa León III otorgó el cargo de Emperador Supremo del Imperio de Occidente

pados, abadías y otros dominios, cuyos regentes con frecuencia ejercían mayor autoridad que el mismo rey; como agravante, las fronteras de la Europa Occidental se encontraban permanentemente depredadas, por el norte, por los *vikingos*, por el sur por los *musulmanes*, y por el este por los *magiares*, cuyos ataques constantes minaban los exiguos recursos del emperador.

La Edad Media Alta

No obstante la división en pequeños dominios privados, hacia el siglo X Europa comenzó a renacer. Organizadas dentro de las reglas del *feudalismo*, las tropas occidentales lograron rechazar a los invasores, y pasar gradualmente a la ofensiva. Así, en 1099 los Cruzados recuperaron la Tierra Santa de manos musulmanas, y en 1204 recapturaron el Imperio Oriental de los bizantinos. También se restauró la hegemonía occidental sobre el Mar Mediterráneo, y los misioneros cristianos comenzaron a extender su influencia hacia la Península Escandinava, como así también sobre Polonia, Bohemia y Hungría, mientras los niveles económicos y sociales alcanzaban alturas desconocidas, incluso bajo la égida del Imperio Romano.

En el aspecto artístico, el antiguo estilo románico devino en el glorioso arte gótico, y surgieron obras literarias de enorme valor, como la *Canción de Rolando* y el *Romance de la Rosa*. En filosofía, el redescubrimiento de los clásicos griegos y helenos, especialmente Aristóteles, encendió la llama del movimiento *escolástico*, el gran sistema filosófico de la Edad Media

La Edad Media Tardía

Durante los siglos XIV y XV, Europa sufrió tres flagelos gravísimos: el hambre, la gigantesca epidemia de peste bubónica, que dio en llamarse *la muerte negra*, y la Guerra de los 100 años; no obstante, aquéllos que lograron sobrevivir pudieron disfrutar de una vida relativamente apacible, especialmente los campesinos de la Europa occidental, quienes obtuvieron mayor libertad de sus señores feudales, y pudieron disponer más libremente de los recursos de sus tierras.

Los nobles comenzaron a edificar palacios en lugar de castillos fortificados, y los habitantes de las ciudades, repentinamente enriquecidos, pudieron aspirar a sus propios títulos nobiliarios. En arquitectura, el estilo dominante era el románico, mientras que en el norte y el noreste el gótico de los siglos anteriores se transformaba en el *gótico flameante*.[4] La literatura no podía quedarse atrás, y así surgieron nombres como Giovanni Boccaccio y Dante Alighieri en Italia, Geoffrey Chaucer y Thomas Mallory en Gran Bretaña y Guillaume de Machaut y Francois Villon en Francia.

La Edad Media celta

Si bien la división tradicional de las edades históricas ubica a la Edad Media entre los siglos III y el XV, a los efectos de este trabajo hemos establecido, por razones de continuidad, el inicio de la Edad Media celta en el comienzo mismo de la Era Cristiana, ya que, tanto el advenimiento del cristianismo en Europa, como la caída del Imperio Romano han ejercido gran influencia en la tradiciones célticas, tanto insulares como continentales.

Resulta sumamente difícil rastrear la trayectoria de los pueblos célticos después de las derrotas sufridas en el continente a manos de los germanos por el norte y los romanos por el sur, sobre todo porque los propios celtas no escribían y, por consiguiente, es preciso basarse en los testimonios de los historiadores griegos y latinos, que no siempre eran demasiado confiables, en parte por estar demasiado lejos de los hechos, y en parte porque no siempre interpretaban correctamente los matices de una tradición tan distinta de la de ellos, como lo era la de los clanes celtas.

Por otra parte, los textos irlandeses en lengua gaélica, y los escritos galeses de la Edad Media, traducidos e interpretados por los monjes cristianos, tampoco son demasiado fidedignos ya que, por un lado, estaban teñidos por la influencia cristiana, y por otro, fueron escritos varios siglos después de los hechos.

Una tercera fuente la integran las tradiciones orales, mantenidas a lo largo de los tiempos de generación en generación, pero si consideramos que los pueblos celtas nunca constituyeron una cultura en el estricto sentido del término, sino una etnia, o raza, básicamente dividida en clanes frecuentemente en guerra entre sí, es evidente que también deben ser tomadas con cautela en cuanto a su realidad.

Sin embargo, a la luz de todas estas fuentes, cuidadosamente cernidas, puede llegarse a una conclusión bastante confiable: al término de la persecución germano-romana, los únicos clanes celtas relativamente organizados que sobrevivieron a las invasiones fueron: en el área insular (Islas Británicas y archipiélagos próximos), los *Irish Gaël* en Irlanda y el Ulster; los *Scottish Gaël* o *scotts* y los *Pict* en Escocia, y los *Welsh* en Gales; también sobrevivieron algunos grupos *cornish* en la región de Cornwall, al sudeste de Inglaterra, pero su permanencia y zona de influencia se redujo a las islas Scily, al sudeste de la isla mayor de Gran Bretaña, y una angosta franja costera del actual condado de Cornwall (Cornuailles), de la cual fueron desplazados definitivamente por la conquista normanda de 1066. Posteriormente, en 1337, se transformó en un condado inglés, regido por el Duque de Cornwall, título adjudicado al heredero de la corona de Gran Bretaña, hecho que ha subsistido hasta la actualidad.

En las áreas continentales, los clanes sobrevivientes más numerosos, y de mayor permanencia en lo que se refiere a cultura y tradiciones pertenecían a las tribus *bretonas* en las Galias o Bretaña armoricana[5] y, en número muy inferior, los *gálatas* en el Asia Menor (Galatia, en la meseta de Anatolia) y los *galos* en la Europa noroccidental.

Los celtas insulares

Los *Irish Gaël* de Irlanda

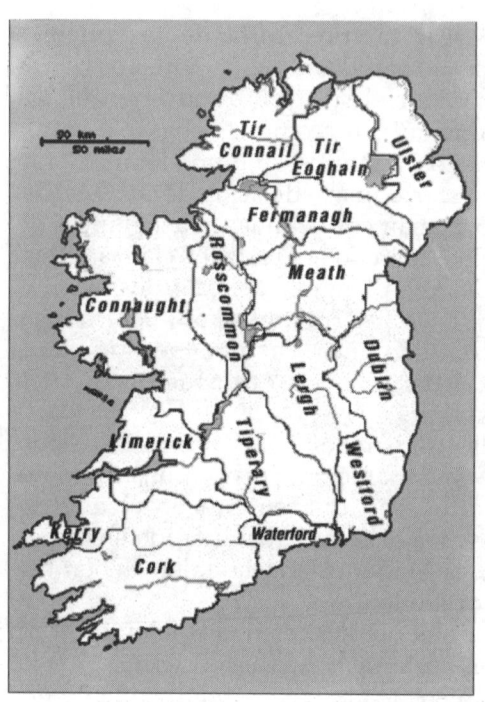

Mapa de Irlanda medieval, con los condados según la división política de la época

El término *Irish Gaël*, que posteriormente evolucionó en *Irish gaelic* y finalmente en *Irish* (irlandés), define a los habitantes nativos de ciertas regiones de Irlanda, el Ulster y la Isla de Man, donde se hablaba el *goidelic* (posteriormente *gaélico*), una de las dos ramas del idioma celta insular, junto con el *brithonic* (véase Cap. IV, Las lenguas celtas).

Campesinos y granjeros por tradición, las principales ocupaciones de los *Gaël* fueron los tambos, la cría de ganado y el cultivo de cereales y vegetales, como así también la pesca y la caza de reses salvajes. Entre sus actividades artesanales, se destacan las telas de lana confeccionadas en las Tierras Altas del Ulster y la Isla de Man, y los pulóveres de punto tejidos en Irlanda, sobre todo en las Tierras Bajas del centro de la isla.

La organización política y social

La base fundamental de la organización social *Gaël* era, como en todos los pueblos celtas, la familia, estructurada en forma patriarcal, y cuya unidad era muy respetada. Rodeando al rey existía una aristocracia cortesana, conocida como *airi aicme* (la clase superior), cuyas tierras y derechos de propiedad estaban claramente definidos por las leyes del clan —esto no significaba que no pudieran ser cambiados— y constituían su mayor riqueza, junto con el ganado; estos grandes hacendados eran patrocinados y sostenidos económicamente por sus *céilí* (clientes), que eran los encargados de distribuir sus cosechas y su ganado en los distintos mercados accesibles.

Por debajo de los grandes terratenientes existían muchos niveles sociales inferiores, cuyos deberes y derechos estaban minuciosamente clasificados y descritos por los *brehons* (más adelante veremos en detalle sus otras funciones específicas). Algunas de estas ocupaciones eran artesanales, entre las que se destacaban los herreros, carpinteros y tejedores, y otras, simplemente, cultivar las tierras de las clases altas, cuidar sus ganados y animales de granja y realizar tareas domésticas en sus castillos.

Sin embargo, a pesar de esta cuidadosa estratificación social, la *fine* (familia) seguía siendo la base de la sociedad y poseía, en forma colectiva, derechos de propiedad inalienables sobre sus granjas y sus territorios. Ante la ley, las familias no sólo podían y debían actuar corporativamente, sino que una de las tradiciones más antiguas obligaba al grupo familiar a responder ante cualquier inobservancia de la ley por parte de sus integrantes, sirvientes o esclavos, incluyendo daños que pudieran provocar sus animales domésticos..

Después de la familia, los núcleos primarios de la sociedad gaélica eran los *tuatha*, o pequeños reinos autónomos, de los cuales llegaron a existir hasta 400 o 500 simultáneamente (véase Glosario).

Los *tuatha* permanecían absolutamente independientes unos de otros —no eran infrecuentes las luchas entre ellos—, pero eventualmente solían combinarse en grupos, regidos por un jefe nombrado por elección; sin embargo, la autoridad ejercida por este jefe era más de carácter honorífico que jurisdiccional, y cada *tuatha* continuaba dictando sus propias leyes y aplicando su propia justicia tribal.

No fue sino hasta el siglo X d. C. que existió un rey único para toda Irlanda (*árd rí Eireann*), que agrupó a todos los *tuatha* bajo su mando, dividiéndolos en cinco macrogrupos, conocidos como los Cinco Quintos (*Cuíg Cuígí*). Estos cinco reinos correspondían aproximadamente a los territorios actuales de Ulster (*Ulaid*), Meath (*Midhe*), Leinster (*Laigin*), Munster (*Muma*) y Connaught (*Connacht*).

Previamente a esta unificación, los *Gaël* sólo compartían dos cosas: un lenguaje común, el *goidelic o goidel* (posteriormente *middle Irish* hacia el año 1.000, y finalmente *Irish* en el 1.400), y una clase dirigente intertribal, cuyos integrantes, generalmente ancianos, conocidos como *brehons*, eran los encargados de resolver los litigios cotidianos, ya fuera entre habitantes de un mismo *tuath*, o confrontaciones particulares menores entre individuos de distintas tribus, como robos de ganado, problemas jurisdiccionales, etcétera.

Los *brehons* fueron, durante varios siglos, los responsables del mantenimiento del sistema social *Gaël*, notablemente sólido y uniforme, aun dentro de sus estructuras arcaicas; sin embargo, cabe destacar que su trabajo fue facilitado por el hecho de que los romanos, quienes habían transformado las sociedades celtas de la Bretaña continental con sus armas, caminos y sistemas administrativos, jamás trataron seriamente de conquistar el área de influencia gaélica.

El cristianismo en Irlanda

Otra de las consecuencias del aislamiento de los Gaël de la Europa "romanizada" se puso de manifiesto varios siglos después, especialmente en Irlanda que, si bien aceptó la corriente del cristianismo latino propuesta por San Patricio en el siglo V d. C., reaccionó a ella de una forma muy particular.

Uno de los ejemplos característicos de esta reluctancia —por otra parte típicamente celta— fue la resistencia que los Gaël presentaron al sistema de arzobispados con diócesis territoriales, creado por el sistema administrativo romano, que en la mayor parte del territorio gaélico jamás fue plenamente aceptado.

Así, mientras los monasterios autónomos creados por el sistema romano se convertían en las unidades básicas de la cristiandad celta, los tuatha permanecían totalmente independientes, continuando con sus funciones como instituciones primarias de la sociedad gaélica secular.

No es mucho lo que se sabe de los primeros impactos del cristianismo sobre la sociedad *Gaël*, pero las tradiciones orales del sur y el sudeste de Irlanda mencionan a algunos monjes que habrían precedido a San Patricio en sus misiones evangelizadoras, probablemente enviados por el Imperio Romano, como un medio de consolidar su influencia en las islas.

El primero de los datos confirmados se remonta al año 431 d. C., cuando San Germano, obispo de Auxerres, en la Galia armoricana, propone, con la anuencia del Papa Celestino I, enviar a un monje de nombre Palladius a *"...conversar con los Gaël que creen en Dios..."*. A partir de esta misión, casi toda la historia del cristianismo en Irlanda y Escocia se centra en la figura de San Patricio, de quien sus biógrafos del siglo VII, Tirechán y Muirchú alegan *"...haber inscripto a Irlanda y Escocia en el mapa de la Cristiandad..."*.[6]

Otro registro del siglo IX, el *Book of Armagh* (El libro de Armagh), incluye un capítulo escrito por el mismo San Patricio, titulado *Confessium* (Confesiones), en el cual relata su vida en una villa romana en Bretaña, su rapto por un grupo de piratas irlandeses y sus siete años de esclavitud en Irlanda. Una vez recuperada su libertad, fue educado en la religión, para ser enviado como catequista al mismo país en que había permanecido como esclavo. Según sus propias palabras, *"...me concentré en el norte y el oeste del país, logrando, con la ayuda de Dios, atraer a la buena senda a muchas almas equivocadas"*;[7] sin embargo, no menciona haber atraído al catolicismo a "toda Irlanda", y mucho menos a Escocia.

La realidad es que hay una gran confusión con respecto a la cronología de la vida de San Patricio, y existen serios indicios de que en sus biografías se estén mezclando las experiencias de dos hombres: las del continental Palladius, nacido casualmente en Bretaña, donde Patricio pasó parte de su vida, y la del San Patricio de *Confessium*. Tampoco existen evidencias suficientes para afirmar que la fecha tradicional que se asume para el comienzo de su misión catequizadora sea efectivamente el año 432, y existen dudas incluso sobre la fecha de su muerte, para la que se barajan los años 461 y 492, siendo la última la más aceptada hasta el momento.

A San Patricio se le acredita la conversión de la mayor parte de Irlanda, aunque a su llegada a Down Patrick, después de haber sido prisionero de los piratas irlandeses, ya hubiera cistianos en la isla

Si bien se sabe que existían monasterios en Irlanda durante la época de San Patricio, no es menos cierto que, hasta ese momento, habían desempeñado un papel relativamente secundario; sin embargo, en el curso de los siglos VI y VII, comenzó a desarrollarse un sistema monástico coherente y organizado, en parte debido a la influencia de los monasterios celtas instalados en la Bretaña armoricana, tales como el de *Candida casa*, en la región de Finistère.

A pesar de esta notable evolución, y a diferencia de otras sociedades y culturas continentales, los monasterios irlandeses y escoceses se convirtieron, durante los siglos VI y VII, en grandes centros educativos, desde donde salieron monjes y misioneros, como San Colombano,[8] a catequizar toda Europa. Lo que para la mayoría de los países europeos fue la Era del Oscurantismo, para la región gaélica se transformó en una época dorada; el arte religioso, con manifestaciones como el cáliz de Ardagh y el manuscrito de Kells, floreció junto a verdaderas maravillas artísticas seculares, e incluso paganas, como el *broche de Tara* y el *Tain Bó Cuailnge* (*The cattle raid of Cooley*, o La caza del Toro de Cooley).

Las invasiones vikingas

Hacia fines del siglo VIII, los fieros marinos vikingos de la baja Escandinavia comenzaron a incursionar sobre territorio gaélico, especialmente en las regiones del Ulster y los actuales condados de Connacht y Laighin, al norte y centro de Irlanda, remontando en ocasiones el río Shannon, hasta el norte del condado de Munster.

Ante estos ataques, y a diferencia de lo que sucedía en el continente, donde la respuesta a estas presiones había desarrollado el sistema del feudalismo, los *Gaël* no se plegaron a esta solución, tal vez por no haber adoptado en su oportunidad la herencia romana, que fue la que proporcionó la infraestructura social para el desarrollo de ese sistema. Más aún; los complejos vericuetos de la ley *brehona*, que regulaba los tratados de dominio territorial y las leyes de sucesión al trono de los *tuatha*, no habrían permitido el libre tránsito de tropas de un territorio a otro, uno de los convenios fundamentales que subyace tras del sistema feudal.

A pesar de ello, la sociedad *Gaël* logró organizar la resistencia, y el 23 de abril del año 1014, las fuerzas irlandesas, reforzadas por tropas pertenecientes a los *highlanders*, habitantes de las Tierras Altas del Ulster, y al mando de Brian Boru, rey de Munster, derrotaron definitivamente a los vikingos, en la batalla de Clontarf. Sin embargo, aun derrotados y expulsados, los vikingos lograron dejar su huella en territorio *Gaël*, como lo demuestra la fundación de las primeras ciudades irlandesas, incluyendo Dublin, Limerick y Waterford.

Para muchos autores, entre ellos James Lyndon y Lloyd Laing,[9] el título honorífico de "Alto Rey de Irlanda", ostentado por Bryan Boru entre los años 1002 y 1014, representa la semilla de la monarquía gaélica. Sin embargo, la autoridad del rey sobre gran parte del territorio era muy relativa y, sin la estructura del feudalismo, ni siquiera un monarca carismático y popular como Bryan hubiera podido modificar la idiosincrasia guerrera y rabiosamente independentista de los *Gaël*, como para instaurar una monarquía absolutista efectiva.

La conquista anglonormanda

Para el momento en que el territorio gaélico afrontó el nuevo desafío —la invasión de los normandos—, habían tenido lugar dos acontecimientos altamente significativos: la muerte de Bryan Boru a manos de unos vikingos noruegos que escapaban de la batalla de Clontarf, y la consecuente disolución de la incipiente coalición que éste había logrado en la región.

El nuevo desafío llegó de parte de la altamente efectiva monarquía feudal fundada en Inglaterra por William I (Guillermo el Conquistador), después de entrar en las Islas Británicas en 1066, desde la Normandía francesa. Este ataque, que disminuyó severamente el poderío bélico de los *tuatha*, preparó el terreno para que, en 1171, un descendiente de Guillermo, Enrique II, hiciera valer una carta previa del Papa Adriano IV, en la que lo autorizaba a transformarse en Lord Supremo de Irlanda, en un intento de alinear más a la iglesia irlandesa con las normas romanas. Si bien varios barones anglonormandos habían ya ocupado grandes áreas de Irlanda y el Ulster, basándose en esa autorización, Enrique II llegó a Irlanda con un ejército, para recibir la sumisión formal, no sólo de los *Gaël* que aún subsistían, sino también de los feudos anglo-normandos, entre los cuales se contaba su propio hermano mayor, Robert I, duque de Normandía, quien lo había precedido en la ocupación de una amplia zona de las Tierras Altas del Ulster.

Sin embargo, y a pesar de que el asentamiento de los barones normandos erradicó gran parte de la aristocracia gaélica, la hegemonía anglonormanda no resultó tan efectiva como lo había sido en Inglaterra —en gran parte debido al carácter belicoso de los *Gaël*—, por lo que, hacia la tardía Edad Media, el territorio gaélico había quedado dividido en tres regiones concéntricas, claramente delimitadas: 1) Dublín y sus aledaños, por entonces llamados *The Pale*,[10] la única área en que los anglosnormandos ejercían una verdadera autoridad; 2) un amplio arco alrededor de ella, en que se situaban los feudos quasi-independientes de los grandes señores normandos, y 3) una franja más alejada, a lo largo de la costa oeste de Irlanda, que mantuvo sus costumbres gaélicas, y permaneció totalmente aislada del gobierno y las leyes inglesas.

Los Scott Gaël y Pict en Escocia

El nombre de Escocia, utilizado por primera vez durante el siglo XI, se deriva del término *scott*, como se denominaba a sí mismo un grupo de clanes *Gaël*, procedentes del norte de Irlanda que, hacia mediados del siglo VI, se establecieron en el norte y oeste de la actual Escocia, ingresando por el *Firth* de Clyde (estuario del río Clyde), y ocupando las Highlands (Tierras Altas) del norte de la mayor de las Islas Británicas, hasta los montes Grampianos como límite sur. Como consecuencia de su traslado desde Irlanda, también ocuparon las islas de Islay, Jura, Arran, Mull y el archipiélago de las Hébridas.

Los Scott Gaëls

La organización social *scott* estaba basada en el sistema de clanes, organización que perduró en las Tierras Altas hasta el siglo XVIII, mientras que la idea de los clanes como unidad social básica aún ejerce una poderosa influencia en muchas de las costumbres cotidianas de la Escocia contemporánea.

Como idioma principal, los *scotts* hablaban originalmente el *Goidelic*, o *Goidel* que luego fue evolucionando hasta transformarse en el *Scott Goidelic*, y finalmente en el *Scottish Gaelic* (gaélico escocés), actualmente hablado por alrededor de 80.000 personas en el norte de Gran Bretaña y las islas del noroeste (véase Cap. IV, Las lenguas celtas).

El nombre de *Scotland* (Tierra de los *Scott*, hoy Escocia), fue utilizado por primera vez durante el reinado de David I (1124-1153), cuando reorganizó los por entonces desavenidos reinos *scott* bajo los lineamientos normandos. Hijo menor de Malcolm II y la reina inglesa Margaret (hoy St. Margaret of Scotland), David fue educado en la Inglaterra normanda, donde su hermana Edith había contraído matrimonio con el rey Henry I.

Por su matrimonio con Maud de Sanlis, adquirió los condados de Northampton y Huntington, desde donde rigió los destinos del sur de Escocia durante el reinado de su hermano Alexander I, a quien sucedió en 1124. A partir de su reinado, y con la adopción del nombre de Escocia, la influencia *Gaël* sobre la región fue mermando lentamente, conservándose sólo algunas costumbres y tradiciones en las Tierras Altas y en algunas islas del noroeste, especialmente en las Hébridas, donde los clanes *Gaël* ejercieron el poder en forma ininterrumpida entre el siglo VIII, en que desalojaron a los vikingos noruegos, hasta el año 1748, en que fueron formalmente incorporadas a Escocia.

Los Pict

Aunque aún existen polémicas sobre si integraron o no la etnia celta (la mayoría de los investigadores coinciden en que sí), la historia de los *scott Gaël* no estaría completa sin mencionar a los *Pict*, un pueblo cuyo

origen permanece aún en la oscuridad, pero que a la llegada de los *Gaël* desde Irlanda, en el siglo VI d. C., estaban organizados en al menos dos reinos al norte del río Forth, actual territorio de Escocia.

El término *Picti* (plural latino de *Pict*) fue utilizado por primera vez por *Apollonius de Lugdunum*[11], en su libro *Barbarus Insulorum* (Los bárbaros insulares), en el año 297 d. C., refiriéndose a ciertas tribus del norte de Europa que habían efectuado varias incursiones sobre los territorios romanos de la Bretaña armoricana, aparentemente provenientes de las Islas Británicas y protagonizadas por pueblos emparentados con los celtas, a quienes los romanos denominaron *Picti*, sin conocerse hasta el momento el origen del nombre.

Acuarela de John White (c. 1470), que representa a un guerrero pict con sus tatuajes de combate

Los *Pict* fueron el grupo dominante en el norte de las Islas Británicas hasta que los *scott Gaël* llegaron desde Irlanda, fundando el reino de Dalriada (hoy condado de Argyll, al noroeste de Escocia). Previamente, en el siglo IV, habían sido convertidos al cristianismo por los esfuerzos de San Ninian durante el siglo IV y San Colombano, en el VI, y en el siglo VII, a pesar de seguir manteniendo una estructura social clánica, reconocieron la autoridad de un rey único, Brude, quien detuvo los avances hacia el norte de las tropas *scott* enviadas por el reino de Dalriada.

A pesar de las luchas contra las invasiones scott, los Pict alcanzaron la cumbre de su poder bajo el reinado de Angus, quien en el año 740 estableció un período de ascendencia sobre los gaels que perduró por más de 100 años. Sin embargo, el sistema matrilineal de la herencia real provocó problemas de sucesión, y el reinado comenzó una etapa de severa declinación, hasta que en el año 852, Kenneth I, rey de Dalriada, unió bajo su dominio a los *Pict* y *scotts*, formando el reino de Alba, núcleo del futuro reino de Escocia.

Esta monarquía de características netamente celtas, que en los años siguientes se expandió hasta incluir Strathclyde y Lothian (originalmente parte de Northumbria),[12] persistió hasta que el asesinato de Macbeth interrumpió su reinado en 1057, y Malcolm III accedió al trono vacante. Durante su reinado y el de su sucesor, David I, se gestó, como vimos, el nacimiento del organizado estado feudal de Escocia.

Los *Welsh* en Gales

Entre los años 450 y 600 d. C., cuando los romanos invadieron los territorios del centro y sudoeste de las Islas Británicas, que incluyen Gales y las zonas aledañas, con el propósito de explotar sus riquezas minerales, la región se encontraba habitada por una rama *brython* de los celtas quienes, como era característica de la sociedad céltica, estaba dividida en una serie de clanes aislados, cada uno de los cuales constituía un reino autónomo, con frecuencia en litigio bélico con alguno de sus vecinos.

Si bien el poderío bélico romano les permitió ocupar la región, los *Welsh* se negaron a aceptar el cristianismo y las instituciones romanas, y permanecieron fieles a su sistema de clanes autárquicos y beligerantes.

También resistieron los embates de las tropas anglosajonas durante gran parte del siglo IX, pero sucumbieron a los normandos y sus sucesores, quienes establecieron fuertes feudos transitorios a lo largo de sus fronteras e invadieron el sur de Gales entre los años 1093 y 1165, mientras que los territorios del norte fueron conquistados y fortificados entre los años 1277-88 por Eduardo I, rey de Inglaterra (1272-1307).

En 1301, al nacer su primogénito, el rey instituyó la costumbre de nombrar Príncipe de Gales a su primer hijo varón, título que, desde ese momento y hasta la actualidad, ostentan todos los hijos mayores de los reyes de Inglaterra. Finalmente, con el Acta de Unión de 1536, refrendada en 1543, Gales fue incorporado administrativamente al reino de Inglaterra.

Los celtas continentales

Los *galos* de la Galia Transalpina

El topónimo *Galia Transalpina*, se refiere al nombre de una antigua región equivalente a los actuales territorios del norte de Francia, Bélgica, Luxemburgo, Holanda y la zona de Alemania al oeste del Rin; el nombre fue acuñado por los romanos como contrapartida de la *Galia Cisalpina*,[13] provincia romana que ocupaba el valle del río Po y las tierras adyacentes del territorio italiano.

Los primeros celtas (a quienes los romanos denominaban *gallii* = galos, de allí el nombre de la región), procedían de la Alemania central, y comenzaron a ocupar los territorios al oeste del Rin hacia mediados del siglo VIII a. C. y para el siglo V habían establecido una cultura relativamente estable y uniforme, tipificada por el arte y las costumbres del período La Tene (véase Cap. I). Paralelamente, a lo largo de la costa del Mediterráneo se extendía rápidamente la cultura helénica, irradiada desde la recién fundada *Massili*a, hoy Marsella.

Para proteger a su nueva aliada Massilia y asegurar las comunicaciones con sus provincias españolas, los romanos anexaron en el 121 a. C. una franja territorial entre las Cevennes y los Alpes, equivalente a lo que sería

G.Transalpina   G.Cissalpina

Mapa de las Galias y los nombres actuales de los países que ocupaban.

hoy la actual Provenza; este territorio se denominó primero *Galia Transalpina*, para luego pasar a ser *Galia Narbonense*, en honor a Narbo Martius, fundador de la primera colonia romana en las Galias, en el año 118 d. C. Mas tarde, Julio César conquistó la porción restante de las Galias, región llamada *Gallia Comata*, durante las Guerras Gálicas (58-51 a. C.), con lo cual emergieron tres nuevas provincias romanas: *Belgium* (hoy Bélgica), *Lugdunum* (actual

región de Lyon, al este de Francia) y *Aquitania*, una de las divisiones de la Galia Narbonense ubicada al sudeste de Francia, entre los Pirineos y el valle del Garona. El emperador Claudio I, quien había nacido en Lugdunum, fue el primer magistrado no-celta en admitir a los nobles galos en el Senado romano, en el año 48 d. C. Como contrapartida, ordenó la supresión de los *druidas*, los sacerdotes celtas, y las deidades nativas fueron asimiladas al panteón romano. Hacia el siglo IV, sin embargo, cuando el cristianismo comenzó a extenderse, la cultura celta de los galos se debilitó notoriamente, especialmente cuando se comenzó a utilizar el latín en las ceremonias tradicionales.

Durante los siglos I y II, la sociedad gala vivió su época de apogeo, con la fabricación y exportación de alimentos, vino e implementos de cerámica, pero en el siglo III fue severamente acosada por las invasiones bárbaras que, ante la ineficaz defensa de los emperadores romanos, llevaron a la formación, en el año 260, del fugaz reino de *Galia*.

Así, durante la década 400-410, varias tribus germánicas, entre ellas los *vándalos*, asolaron la Galia. También en esa época los *visigodos*, nominalmente aliados de Roma, se asentaron por la fuerza en Aquitania, desde donde cooperaron con el general Flavius Aeitus en la derrota de los *hunos* de Atila, en el año 451.

Pero los *visigodos* resultaron "aliados" muy caros para Roma: hacia el 478 se habían apoderado del norte de la Galia Transalpina, mientras que los *alamani* y los *burgundis* se establecían en el este. El último territorio romano en la Galia Narbonense cayó frente a las tropas de *Clovis*, rey de los *francos*, en el 486 d. C.

El gobierno celta (*galo*) de la Galia Narbonense resultó desmembrado. Las distintas tribus se regían en forma autárquica, actuando a veces por separado, y otras veces agrupadas en clanes de hasta 70 o más tribus. De esta forma, los celtas galos no podían aspirar a una autoridad o líder único y, excepto por Massilia y Niza, ni siquiera contaban con ciudades organizadas como tales.

La mayoría de las familias habitaban en desperdigadas chozas de adobe, generalmente en pequeños grupos, rodeadas por estacadas. Sus principales fuentes de subsistencia eran la caza y la pesca, y algunas eventuales actividades pastoriles cubrían sus necesidades mínimas de vestimenta y abrigo; solamente unos pocos excedentes de artesanías en madera y cuero alcanzaban los mercados con fines de venta y trueque

La vida religiosa, hasta hacía poco de netas características célticas, se convirtió en una serie de ritos pluralísticos dedicados a distintos elementos de la Naturaleza, como los ríos, los montes o los bosques y, como veremos más adelante, los únicos cultos druídicos que sobrevivieron se concentraron en la región de la Bretaña armoricana.

La conquista romana

Las legiones romanas marcharon sobre la Galia Narbonense en el año 58 d. C., no sólo para proteger los territorios mediterráneos de la República, sino también para satisfacer las ambiciones personales de Julio César, de transformarse en procónsul de ambas Galias: la Transalpina y la Cisalpina.

Para facilitarle aún más las cosas, los propios galos contribuyeron a su propia derrota con sus rivalidades entre clanes y su incapacidad de resistir la infiltración de los bárbaros transrenanos y suizos (*helvetii*), hecho que favoreció los planes de César, quien, al hacerse cargo de los bárbaros, aceleró la caída de ambas Galias en manos romanas.

No obstante, la victoria romana no se debió a la superioridad numérica de sus legiones, sino a su entrenamiento, disciplina y superioridad en armamento y, sobre todo, a la falta de cohesión entre las tropas galas. Incluso el heroísmo del príncipe galo *Vercingetórix*[14] resultó insuficiente para detener o revertir el avance y la victoria final de Julio César.

Las consecuencias políticas y sociales

Quinientos años de régimen romano desencadenaron graves consecuencias para la Galia Narbonense. Políticamente, la idea básica era la de establecer un régimen unitario, con una legislación única, aplicada por administradores romanos, y un sistema de impuestos unificados para todo el territorio. Sin embargo, en la práctica fue imposible erradicar el localismo, especialmente en el rubro impuestos, que se cobraban en forma poco equitativa, a voluntad de los regentes locales.

Si bien la Roma Imperial se favorecía manteniendo y apoyando a las Galias como provincias (recibiendo a cambio parte de los impuestos y mano de obra y grano baratos), no eran menores las ventajas económicas obtenidas por las Galias; la seguridad contra los ataques bárbaros y las bandas de piratas animaban a los galos a intentar nuevos emprendimientos, como la tala de bosques y el cultivo de nuevas tierras de labor. Los trabajo viales, puentes, acueductos y vías de comunicación recibieron nuevo impulso, y comenzaron a aparecer pueblos y pequeñas ciudades, en lugar de las anteriores chozas de adobe y paja.

Culturalmente, se desarrolló el interés por aprender latín y griego, lenguas que comenzaron a enseñarse en instituciones educativas rudimentarias, principalmente en Massilia, Bordeaux y Lyon; no obstante, con frecuencia el interés era superficial, y muchas regiones mantuvieron el idioma galo, sin mostrar inclinación por otros idiomas, especialmente en las regiones más alejadas de las ciudades principales.

En el aspecto religioso, se continuó practicando el antiguo paganismo celta y el druidismo, en lugar de adoptar y divulgar el cristianismo. Si bien algunos misioneros atravesaban la Galia para convertir a los paganos y consolidar una iglesia organizada, la mayoría de los monjes cristianos se encerraban en monasterios, retirándose a una vida de oración, o a establecer instituciones que eran verdaderas islas de conocimiento y enseñanza. Finalmente, cuando el Imperio sufrió el colapso que lo derribó, la supervivencia de la Iglesia romana sería crucial para la conservación de los estilos de vida y las prácticas galorromanas.

Los *bretones* de la Bretaña armoricana

La región de la Bretaña francesa, rebautizada por los romanos como Bretaña armoricana[15] (con la diferencia de que esta última incluía también al norte de España y parte de Portugal), es una región y antigua provincia del noroeste de Francia, que abarca los departamentos de Finistère, Côtes-du-Nord, Morbihan, Ille-et Vilaine y Loire-Atlantique; el conjunto forma una especie de península proyectada sobre el Océano Atlántico, limitada al norte por el Canal de la Mancha y al sur por el Golfo de Vizcaya.

Como hemos visto en el capítulo anterior, la región es una de las más ricas del mundo en monumentos arqueológicos paleolíticos y neolíticos, como el megalito de Carnac y otras tumbas y emplazamientos, que datan de los años 3500 al 1200 a. C.

B. Francesa   B. Armoricana

Las características reconocidamente celtas de estos monumentos megalíticos indican que la región estuvo habitada y regida por clanes de esta etnia a lo largo de todo este período, aunque se desconocen hasta el momento los nombres de esas ramas. Sin embargo, se sabe, por escritos del mismo Julio César (*La conquista de las Galias* y *Las guerras gálicas*) que, en el año 56 a. C., sus tropas conquistaron parcialmente a estas tribus, a las que, por asimilación con los pueblos celtas de más al norte, denominaron *gallii* (galos).

Posteriormente, en los siglos V y VI d. C., las invasiones anglosajonas a las Islas Británicas provocaron el exilio de muchos refugiados celtas (en su mayoría *brithons* y *cornish*), que se fusionaron con las tribus antiguas, formando los clanes *bretones*: éstos se mantuvieron como reinos autárquicos hasta fines del siglo IX para unirse bajo el liderazgo de Nomenoe en el año 1087, independizándose del dominio carolingio, para transformarse, hacia mediados del siglo XI, en el Gran Ducado de Bretaña, con capital en Rennes.

Durante 400 años, el Ducado consiguió mantener su independencia, coqueteando con la rivalidad entre Francia e Inglaterra, hasta que en el siglo XV se ligó definitivamente al primero de esos países, con el casamiento de Ana de Bretaña con dos reyes sucesivos de la corona de Francia, Carlos VIII en 1491 y Luis XII en 1499. Sin embargo, la reina Ana supo mantener la autarquía de Bretaña a lo largo de sus dos casamientos, pero el ducado fue incorporado definitivamente al Imperio Francés a mediados del año 1532, como consecuencia del casamiento de Claude, hija de Ana y Luis XII, con el entonces heredero del trono de Francia, Francisco I.

Tradicionalmente, los celtas bretones han sido marinos y pescadores, dedicándose especialmente a la captura del bacalao, sardinas y atún en los grandes bancos de Newfoundland, en el Atlántico Norte, al este del Canal Laurentino, como así también a la recolección de ostras y langostas en las aguas del Golfo de Vizcaya.

La bretona ha sido quizás la rama celta en la que más han perdurado las costumbres y el idioma original ya que, actualmente, casi un cuarto de su población habla *bretón,* un lenguaje surgido de la fusión del *cornish* y el *goidelic,* como consecuencia de la transculturación de esas ramas celtas en la época de las invasiones anglosajonas.

La herencia celta se hace claramente visible en la vida cotidiana de la Bretaña francesa, cuyas costumbres diarias difieren notoriamente de las de otras regiones de Francia, esencialmente en la vestimenta y la alimentación. En la actualidad, estas diferencias se han focalizado principalmente en el oeste de la región, en los departamentos de Berry, Borgoña y Champagne, en las estribaciones orientales del Macizo Central; su ciudad principal, Rennes, si bien fue nombrada capital recién en el año 1082, fue desde siempre el punto neurálgico y el centro cultural del territorio bretón y, siguiendo esa tradición, en la actualidad su universidad constituye uno de los centros más importantes del mundo de estudios celtas.

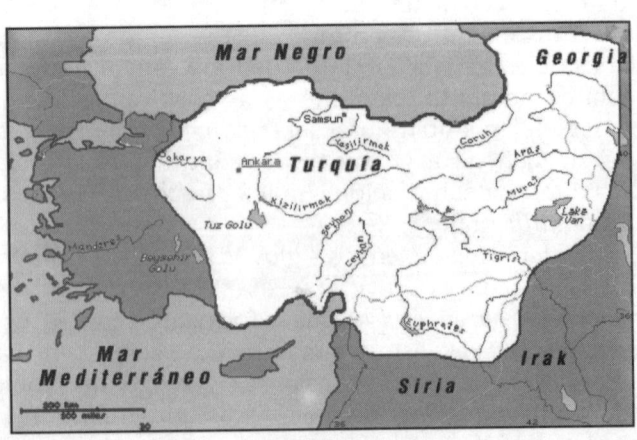

Ubicación aproximada del antiguo reino de Galatia, que ocupaba el oeste de Turquía, parte de Irak e Irán, y este de Armenia y Georgia

Los *gálatas* de la meseta de Anatolia

Galatia, un antiguo reino y territorio ubicado en el macizo central de la meseta de Anatolia, hoy parte de Turquía, fue bautizada así por extensión del nombre de sus fundadores y primeros habitantes, una de las ramas indoeuropeas de los celtas, que habían sido desalojados de sus tierras por las tropas romanas de Julio César, quienes los llamaban *gallli*, por ser originarios de la Galia Transalpina.

Por razones similares a los *galos* de la Europa noroccidental, estos clanes, acosados por los ataques germanos por el norte y romanos por el sur, cruzaron el Bósforo rumbo a la meseta de Anatolia, respondiendo a una invitación del rey Nicomedes I de Bithinia (r. 279-250 a. C.), quien, conocedor del carácter belicoso de los guerreros celtas, deseaba unirlos a sus filas en su lucha contra Mitrídates VI (el Grande), rey de Pontus. Sin embargo, la idiosincrasia independiente de los galos fue más fuerte que los compromisos pactados, y pronto los clanes comenzaron a luchar con sus vecinos y entre sí, hasta que en el año 275 d. C., fueron definitivamente derrotados por el rey de Seleucia, Antígono I, quien los confinó a la franja central que va desde el sudoeste al noreste de la meseta de Anatolia, en el Asia Menor,[16] región que desde ese momento recibió el nombre *Galatia*, por sus nuevos habitantes.

Al igual que los *goidels*, los clanes de la Galatia fueron de los menos contaminados por la transculturización, en este caso quizás por la distancia y los obstáculos geográficos que los separaban del epicentro de las luchas europeas. Su herencia celta, sin embargo, los llevó a desempeñarse como mercenarios, tanto a favor como en contra de los reinos helénicos por entonces desperdigados por todo el territorio de Anatolia, hasta transformarse en un protectorado romano en el año 85 a. C.

Sesenta años más tarde, los romanos extendían los límites de la provincia de Galatia, conservando su nombre, pero administrada institucionalmente desde Ancyra[17] (luego Angora y actualmente Ankara, capital de Turquía). Estas medidas encerraron a Galatia entre Cappadocia y la provincia romana del Asia por el oeste, hecho al que se refiere el apóstol San Pablo en su *Epístola a los gálatas*, cuando se refiere a ellos como *"...los guardianes de la puerta hacia el Levante...".*

Edades Moderna y Contemporánea

Es muy poco lo que puede rastrearse de la cultura celta a partir del siglo XV, ya que las constantes luchas por el poder, las grandes migraciones de los derrotados o su asimilación por los vencedores, y la creciente difusión del cristianismo, que procuraba por todos los medios erradicar al druidismo y a los dioses paganos, provocaron una transculturación tan profunda, que una tradición como la céltica, por idiosincrasia fragmentada y dispersa, no pudo remontar.

Los últimos reductos de la cultura celta fueron desapareciendo: los francos, convertidos a la Iglesia Católica, Apostólica y Romana, definitivamente asentada en el siglo XI, ocuparon la mayor parte de las Galias y la Bretaña francesa; los anglosajones, abrazando el Protestantismo, iniciado por la Reforma, terminaron de invadir las Islas Británicas, y los musulmanes, cultores del Islam, se extendieron hacia la Meseta de Anatolia, en su camino hacia Europa y Africa.

Durante gran parte del período medieval, las Islas Británicas fueron dominadas por los normandos, una aristocracia militar de habla francesa, cuya conquista destruyó virtualmente a la clase gobernante anglosajona. Guillermo I (el Conquistador), Duque de Normandía, devastó Escocia y el norte de Inglaterra, arrebatando a los nobles locales sus tierras y arrasando con toda señal de resistencia. Posteriormente, como sede del gobierno y para evitar toda posible réplica por parte de los escasos nobles *scott* sobrevivientes, mandó edificar el *hillfort* de Durham (y dentro de él la catedral homónima), cuya construcción comenzó en el año 1093 y no finalizó sino hasta mediados del siglo XV.

Los logros militares normandos de los siglos XI y XII fueron consolidados posteriormente por la colonización de los terrenos conquistados. La nueva orden monástica de los Cistercienses contribuyó activamente a este proceso, edificando sus monasterios en las áreas confiscadas a los nobles celtas y anglosajones, cultivando las tierras que los rodeaban, y atrayendo a sus filas a los druidas que aún quedaban, para instruirlos en la religión cristiana. Los campesinos *scott* y *Gaël* fueron reclutados como pastores, y el comercio de la lana se transformó en la fuente de ingresos tributarios más importante para el gobierno normando, importando sus productos a las grandes industrias textiles de Italia y los Países Bajos.

En las Hébridas, un grupo de 500 islas ubicadas al oeste de Escocia, los clanes *scott*, que habían dominado el archipiélago hasta el siglo IX, fueron desplazados por tropas vikingas provenientes de la Península Escandinava. Las tribus *scott* recuperaron el poder en el siglo XII, pero la influencia noruega se hizo notar, y muchas de las costumbres celtas originales fueron severamente modificadas. Finalmente, las Hébridas fueron definitivamente incorporadas a Escocia durante el año 1748.

Pero a pesar de las conquistas normandas y algunos otros despliegues bélicos acaecidos en Europa, los cambios no han sido quizás tan violentos en las edades moderna y contemporánea como en épocas anteriores, en que las conquistas se hacían casi exclusivamente por medio de las armas; a partir del siglo XV la dominación de unos pueblos por otros se hizo más incisiva, y las religiones masivas fueron reemplazando, lenta pero inevitablemente, a las tradiciones celtas, como antes lo habían hecho con las mitologías griega, romana, vikinga y tantas otras, y como continuarían haciéndolo (aún hoy sucede), con las culturas precolombinas del Nuevo Mundo, los ritos africanos y las religiones asiáticas, por mencionar sólo algunas.

Sin embargo, no puede decirse que las tradiciones celtas se hayan perdido absoluta e irremediablemente en la noche de los tiempos; como ejemplo puede mencionarse la música celta, que aún se ejecuta, en su forma tradicional, en muchos lugares del mundo, incluso en países muy apartados por distancia e idiosincrasia de la cultura céltica; también ha perdurado el idioma celta, muchos de cuyos derivados, como el *brython*, el *Gaëlic*, el *manx* y el *cornish*, aún se hablan en ciertas partes del mundo; o ciertos torneos escoceses e irlandeses, donde se llevan a cabo competencias de arrojarse unos a otros pesadas bolas de mármol, o de lanzar troncos de 5 metros de altura, como pruebas de fuerza y destreza.

Otra forma en que las tradiciones celtas han perdurado en el tiempo, ha sido mediante la simbiosis con otras culturas dominantes; las tropas de *elite* de la reina de Inglaterra, por ejemplo, únicos responsables de su custodia personal y del palacio de Buckingham, y célebres en el mundo entero por su disciplina y dedicación, son sucesores de los antiguos *highlanders* (habitantes de las tierras altas), que aún visten los *kilts* o *tartans* (véase Glosario) con que sus antecesores marchaban a la batalla en la alta Escocia.

También las ramas del *goidelic* original se han fusionado con otros idiomas, especialmente el inglés y el francés; el antiguo *Irish Gaël* evolucionó, como vimos, hacia el *Middle Irish* alrededor del siglo X, al *early Modern Irish* (irlandés moderno temprano) en el siglo XIII, y finalmente al irlandés actual, hablado como lengua nativa en la costa sudoccidental de Irlanda y algunas comunidades isleñas; el *galés*, derivado del *Welsh* original, constituye actualmente la lengua nativa de más de 700.000 habitantes del país de Gales, y el *bretón*, surgido de la fusión entre el *cornish*, hoy extinguido y el *franco*, antecesor del actual francés, es hablado en la región de la Bretaña francesa por más de un cuarto de su población, que asciende a los 2.750.000 nativos.

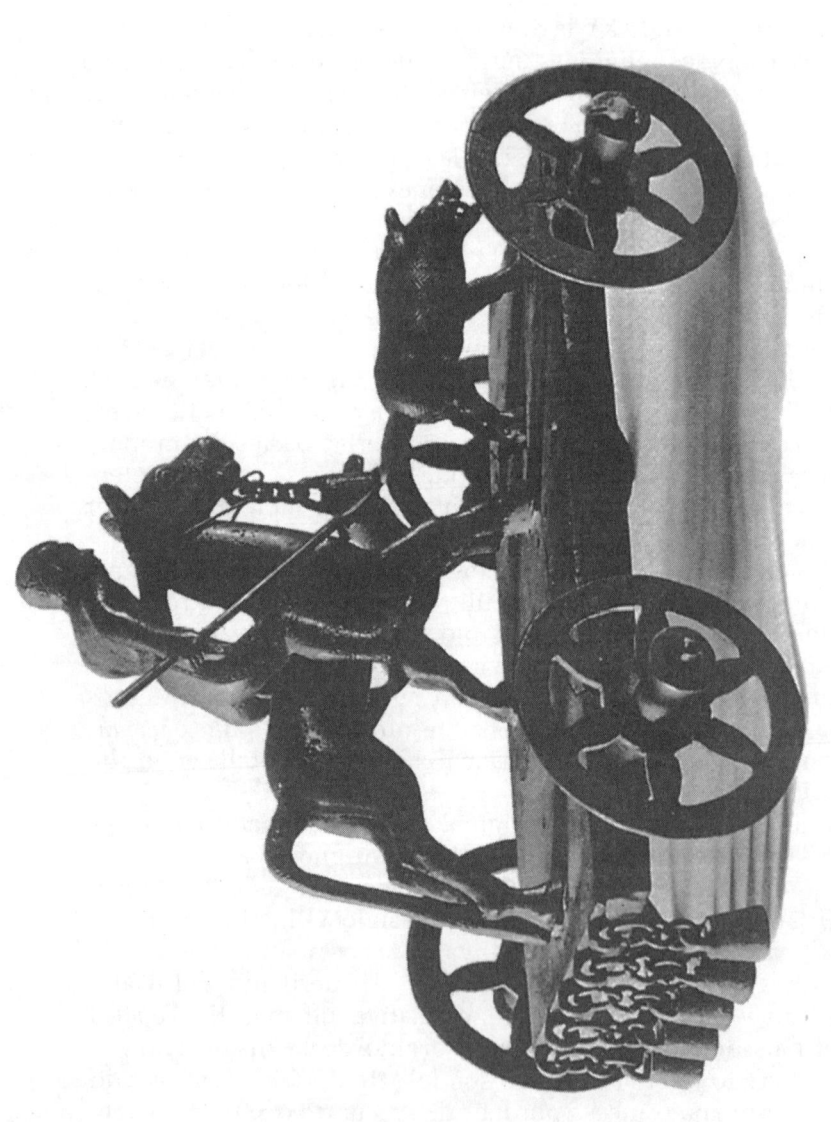

Carro votivo celtíbero que representa a un cazador persiguiendo un jabalí, en la más pura tradición de las leyendas celtas. Así relató Godofredo de Monmouth la cacería del jabalí Turch Truyth emprendida por el rey Arturo. La pieza se encontró en la tumba de un guerrero desenterrada en Mérida, España, y fue fechada por C 14 en el siglo V a. C

Capítulo III

Los druidas y la sociedad celta

La estratificación social

Como ya se ha mencionado, no puede decirse que los celtas contaran con una estructura comunitaria definida y uniforme, sino que, por el contrario, se encontraban divididos en clanes de muy diversas características y costumbres, aunque ocasionalmente se reunieran en tuathas más grandes, con el objeto de proveer a la defensa —o a la conquista— compartida.

Sin embargo, al igual que en la mayoría de las culturas indoeuropeas de la época, la organización social celta presenta una estructura netamente dividida en dos sectores prioritarios, cada uno de ellos separado, a su vez, en varios niveles claramente delimitados: por un lado, las jerarquías religiosas, integradas, en orden descendente de importancia, por los *druidas o darvin din*,[1] sacerdotes, jueces, médicos y en ocasiones administradores de los bienes comunitarios; los *bardos*, filósofos, augures y expertos en magia y adivinación, y los *vates* o *filidh*, quienes se encargaban de cantar las alabanzas a los dioses, difundir las tradiciones y conservar los mitos, además de cultivar la li-

Un druida recogiendo muérdago.
Ilustración de Rowlands para el
Mona Antiqua Restaura, 1723

teratura oral y transmitir los relatos de hazañas guerreras a la posteridad. A estos niveles es preciso agregar el de los principiantes, o *amdaurs* (literalmente "hijos del roble"), aspirantes a *vates*.

El sector laico, por otra parte, estaba integrado por el resto del clan, compuesto por los *equites* (la nobleza), encabezada por el rey (o el equivalente celta de los señores feudales), sus familias y la corte; en el nivel inmediato los guerreros y luego los artesanos, obreros, agricultores y cuidadores de ganado; en este último estrato gozaban de ciertas prerrogativas los artesanos y los herreros, a los que se dispensaban atenciones y consideraciones superiores a los demás trabajadores manuales.

Los druidas

Las tres jerarquías druídicas han sido, sin duda alguna, los cargos más relevantes en la cultura celta, si no en poder, al menos sí en su influencia sobre el resto de la población, ya que sus integrantes de mayor rango, si bien carecían de poder militar o policial, además de sacerdotes actuaban como jueces, con frecuencia ocupaban el lugar de los *brehones*, y sus consejos y dictámenes eran muy apreciados y respetados por todos los estamentos sociales, incluida la nobleza.

Los druidas, como sacerdotes y sabios, jugaban un rol fundamental en todas las comunidades celtas de Irlanda, Britania, Bretaña y las Galias, y sus personajes más importantes, a menudo, rivalizaban en prestigio con sus reyes y señores feudales, aunque no dispusieran, como dijimos, de poderes militares.

La mayoría de los datos acerca de los druidas proviene de fuentes romanas, ya que los sacerdotes celtas desdeñaban la escritura, y preferían transmitir sus tradiciones y enseñanzas en forma oral. Una de estas fuentes son los propios escritos de Julio César, según quien *"...el término druida deriva del término galo daur (encina) y vid (sabio o vidente), que en lengua latina significa 'los sabios de los bosques de encinas', pues viven en los claros de esos bosques y allí es donde imparten sus enseñanzas y ejercen sus funciones judiciales y la medicina".*

"Los darvid din, o sacerdotes de alta jerarquía, visten con túnicas blancas y se adornan con ajorcas y pulseras de piedra y bronce con figuras de serpientes y

otros animales, observan el celibato y se reúnen en comunidades regidas por el Archidruida, al que eligen entre los más sabios, por mayoría de votos.

Los druidas mayores —afirma a continuación—, *como símbolo de su probidad y equidad al impartir justicia, utilizaban una gargantilla de cadenas de oro alrededor de su cuello, denominada en goidelic awmairgynn, de la cual la tradición afirma que estrangulaba a su poseedor si cometía una falacia durante un juicio."*[2]

Esto parece estar confirmado por investigaciones más recientes, que sugieren que, cuando un Archidruida presentía su muerte, reunía en concejo a los sacerdotes más antiguos y proponía un sucesor; si el concejo se encontraba de acuerdo, el nombrado ocupaba su lugar pero si, por el contrario, surgían otros nombres con méritos similares, se votaba entre todos hasta lograr un acuerdo pacífico, aunque, en algunas ocasiones, el problema desembocaba en un conflicto armado.

Derecha: *Bardo y vate.* Izquierda: *Archidruida administrando justicia; nótese la gargantilla de oro alrededor de su cuello, que aseguraba su imparcialidad*
Ilustraciones: C.*Hamilton Smith,* Trajes antiguos irlandeses, 1614.

Aparte de sus atribuciones religiosas, los druidas ejercían una autoridad considerable dentro de los clanes, a tal punto que llegaron a implantar una verdadera teocracia, que lograba imponer o derrocar magistrados y jueces, y hasta censurar las actitudes y decisiones de los reyes y los *tuatha awrrgh* (jefes de clan), que eran los equivalentes celtas de los señores feudales. Su influencia dentro del clan les permitía censurar la conducta de la aristocracia, monopolizar los sacrificios, tanto públicos como privados, y excluir de las ceremonias rituales a los que no aceptaban sus sentencias, hecho que equivalía prácticamente al ostracismo dentro de las comunidades celtas.

Según Pomponius Mela, historiador de origen íbero que colaboró con Julio César en la redacción de *La Guerra de las Galias*, *"...los druidas parecen profesar una religión secreta, a la que llaman 'culto oghámico'; estas prácticas permanecen ignoradas por el resto de la comunidad, y en ellas rinden veneración a dioses desconocidos para el resto de los clanes, mediante ceremonias y sacrificios en lo profundo de los bosques de encinas, acompañándose con cánticos y arpas de oro"*.[3] No obstante, esta teoría jamás fue demostrada, y en la actualidad se la considera altamente improbable.

Dentro del conjunto de pueblos celtas, los druidas eran, conjuntamente con los brehones, los únicos en circular libremente por territorios de otros clanes, al punto de reunirse anualmente en una Asamblea general en el bosque de los Carnutos, del cual no se ha registrado exactamente su ubicación, pero que muchos autores identifican con el extenso bosque de encinas de la cuenca del Boyne, al norte de Dublín, el agrupamiento de este tipo de árboles más numeroso del mundo.

Las jerarquías druídicas

Los druidas, cuyos registros más antiguos de su existencia data del siglo III a. C., constituían la casta sacerdotal de los celtas, y sus jerarquías abarcaban cuatro categorías: los *amdaurs* (aspirantes a druidas), que vestían túnicas amarillas y eran los estudiantes, equivalentes a los seminaristas católicos; en segundo lugar se encontraban los *vates* (también llamados *ovates* u *ovatos*), que vestían de rojo, practicaban la profecía y estudiaban filosofía, astronomía, medicina, música y oratoria; compilaban los mitos heroicos y las tradiciones y conocimientos de todo tipo, para luego transmitirlos al pueblo y a sus sucesores, junto con las creencias y las tradiciones ancestrales.

Al término de esta etapa, y a través de una compleja ceremonia de iniciación, accedían al nivel de *bardos*, que vestían túnicas azules; eran los encargados de recitar, en prosa o verso, las proezas de los guerreros, y de cantar las alabanzas a los dioses; elogiaban, criticaban y enseñaban mediante la música y la poesía.

Cerraba la lista la jerarquía superior, los *druidas* propiamente dichos, vestidos con caftanes o túnicas blancas, quienes, además de cumplir funciones sacerdotales, llevaban a cabo los sacrificios rituales y familiares, ejercían la autoridad de jueces supremos e inapelables y mantenían latentes los mitos y tradiciones del clan. Los druidas de los rangos mayores solían usar cascos con cuernos durante ciertas ceremonias, especialmente los sacrificios humanos y los ritos de fertilidad, ya que las astas evocaban al dios Cernunos, y eran un símbolo de virilidad y fertilidad masculina. El dios astado era el encargado del aspecto masculino de la Naturaleza y de controlar el tránsito de los hombres entre la Vida y la Muerte; como en toda comunidad shamánica, ejercía el poder supremo y era el dios indiscutido del Mundo Inferior.

Según Julio César, la principal fuente de información sobre los druidas, *"...la autoridad de los sacerdotes sólo es comparable a la de los equites* (término romano para los nobles y señores feudales); *tanto los vates como los bardos y los mismos druidas se encuentran exentos, no sólo de tributos e impuestos, sino también de las obligaciones militares, algo impensable en cualquier otro nivel de la sociedad celta. Los druidas de más alto rango son tan poderosos que pueden transitar con toda tranquilidad de un clan a otro, o entrar en cualquier ciudad que elijan, cosa que no les está permitido ni a los jefes militares más encumbrados. De hecho, son tan poderosos que en muchas regiones se les ha prohibido el uso de cualquier tipo de arma ya que, con su sola palabra, les basta para dominar a sus enemigos e infligirles todo tipo de males..."*.

Aspirante a druida atendiendo las lecciones de su maestro.
C. H. *Smith,* Trajes antiguos irlandeses,

Más adelante, afirma que *"...por esta razón, muchos de los sacerdotes celtas no poseen en realidad una vocación definida, sino que se ven atraídos por estos privilegios, y se unen a la orden voluntariamente, o son enviados por sus familias, especialmente por las más pudientes. Una vez bajo la protección y patronazgo de un druida, pasan largos años aprendiendo gran número de poesías que relatan los hechos de guerra de sus héroes, canciones de alabanza a los dioses y otras materias como astronomía, filosofía, adivinación y su alfabeto secreto, el ogham, antes de someterse a sus ritos de iniciación, para lo cual algunos de ellos deben esperar hasta 20 años o más..."*.

De acuerdo con los escritos del ya mencionado Pomponio Mela, hacia el siglo III a. C., los ritos druídicos se desarrollaban invariablemente en los claros de los bosques de encinas, e incluso los mismos sacerdotes y sus discípulos vivían en cuevas ocultas en esos montes. Julio César llama a estos templos naturales *loci consecratii* (sitios consagrados), y los define como *"...bosques espesos y umbríos, con frondosos sotobosques que ocultan grutas y cavernas, en las que habitan los sacerdotes y sus discípulos, y donde llevan a cabo sus ritos y sacrificios..."*. Estos sitios de culto parecen haber sido muy numerosos en el centro y oeste de Europa, y aparecen en lugares tan alejados y descentralizados como Libenice, en la Bohemia checoslovaca,[4] Gundestrup y Bra, en Jutlandia, Dinamarca, la cuenca del río

Boyne, en Irlanda y las Landas del Lanvaux, en la Bretaña francesa.

Los templos y edificios sagrados sólo fueron incorporados más tarde, durante el período galorromano, alrededor de la segunda mitad del siglo I a.C., e incluso más tarde.

Si bien aún no se cuenta con datos fehacientes, los druidas de las Galias fueron suprimidos por los romanos bajo el gobierno del emperador *Tiberius* (r. 14-37 d. C.),[5] y en Inglaterra y Gales probablemente poco después. En Irlanda, isla a la que no accedieron los ejércitos romanos, sus funciones sacerdotales se extendieron hasta los albores del catolicismo (siglo I d. C.), y luego sobrevivieron como poetas, historiadores y jueces, llamados respectivamente *filidh, senchaidi* y *brithemain.*

Las druidesas

A pesar de haber recibido numerosos nombres, como bandrui, dríada, banfile, druidesa, etc., no se ha llegado a establecer a ciencia cierta las funciones que cumplían, llegando algunos autores incluso a poner en duda la existencia misma de sacerdotisas mujeres.

Entre los historiadores de la época, Julio César, por ejemplo, que fue quien más datos recopiló sobre los druidas, no menciona en ningún momento a las druidesas, aunque quizás sea porque sus observaciones se redujeron a la zona de la Galia Transalpina, ya que en ningún momento el emperador llegó a las Islas Británicas, y mucho menos a Irlanda, en cuyas tradiciones orales es donde se registran con mayor frecuencia las intervenciones de las sacerdotisas.

Pomponius Mela, en cambio, quien acompañó a Adriano en sus incursiones a las islas, cuenta que *"...había en la alta Caledonia mujeres sacerdotisas, llamadas* bandruidh *que, al igual que los druidas varones, están divididas en tres categorías: las de menor autoridad permanecen reclusas y deben observar un voto de virginidad perpetua; son las que se encargan de alimentar los fuegos perennes en honor a Dana y Bilé, sus dioses mayores. En la segunda categoría, las sacerdotisas pueden casarse, pero deben permanecer encerradas en el santuario a que están consagradas, y sólo pueden abandonarlo unos pocos días al año, para cumplir con sus deberes conyugales; sin embargo, pueden alternar con las gentes, a las que dicen la buenaventura y leen su futuro en las hojas del muérdago".*

"Una bandrui *de la clase más alta, jerarquía a la que sólo se accede después de largos años de estudio y dedicación y un complejo rito de pasaje, puede circular libremente, y se dedica a servir al pueblo, y mantener vivas las tradiciones religiosas; narran las leyendas de los guerreros y los dioses, practican la astrología y adivinan el porvenir por la lectura de las víctimas de los sacrificios humanos, que son practicados exclusivamente por los druidas varones."*

"Se dice, aunque no he podido comprobarlo personalmente, que las banfilidh *más poderosas, como las llaman en su lengua, residen en la isla de Saina, en el Mar Interior* (posiblemente el Mar de Irlanda), *tienen poder so-*

bre las tempestades., que pueden convocar a voluntad, pueden convertirse en aves y curar las enfermedades más atroces... Estas mujeres son altamente reverenciadas por el pueblo, pues dominan la magia de las piedras y las hierbas curativas; son las que preparan a los moribundos para el bien morir, preparan hechizos de amor y se ocupan de los nacimientos".

Los sacrificios humanos

En su afirmación sobre los sacrificios humanos, Pomponius difiere con lo narrado por Strabo de Pontus, [6] quien relata un sacrificio múltiple ejecutado por sacerdotisas mujeres y observado, según sus propias palabras, en la región de Tir Eoghain, a orillas del Loch Ness, al norte de Irlanda: *"...las druidesas se acercaron espada en mano a los prisioneros capturados en batalla y, echándolos al suelo, los arrastraron hacia unos pozos, junto a los cuales había un rústico altar de piedra, donde se desarrolló la ceremonia. La sacerdotisa mayor, subida en una silla de roca, hundió un cuchillo de bronce, sucesivamente, en el pecho de cada uno de los hombres, mientras que las de menor categoría, después de abrir el abdomen y el tórax, leían el porvenir en sus entrañas aún latentes."*

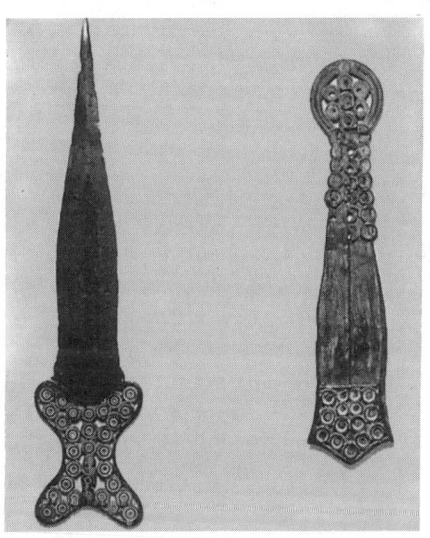

Daga ritual de hierro y bronce encontrada en el río Támesis. Se le adjudica una función sacrificial, aunque no hay pruebas de que se usasen en seres humanos

"Las dríadas o sacerdotisas de menor categoría no participan de estos sacrificios —agrega Strabo— , y ni siquiera los presencian; reunidas en un claro del bosque de encinas, o a la orilla de un lago, pasan su tiempo consultando a la luna la mejor forma de complacer a los dioses, y se entregan a mágicos encantamientos en honor a la diosa Don (Dana). En ocasiones, la gente humilde del clan llega hasta el santuario a preguntar sobre su futuro, y las dríadas aclaran sus dudas, aunque con un sentido sumamente ambiguo, que no siempre es comprendido por las gentes."

Cabe destacar que estas afirmaciones no siempre son absolutamente confiables, ya que muchas de ellas han debido pasar por varios referentes antes de llegar a sus compiladores, con las correspondientes alteraciones que suelen producirse en estos casos; además, es preciso recordar que, aparte de estos dos, son muy escasos los relatos de sacerdotisas mujeres conocidos entre los druidas.

Con respecto a los sacrificios humanos en la cultura celta, existen aceptables muestras de que realmente fueron practicados, al menos por los druidas galos ya que, tanto Cicerón, como Julio César y Lucanius coinciden en mencionarlos en sus respectivos trabajos, y se han registrado pruebas de que debieron ser enérgicamente reprimidos por los emperadores Tiberio y Claudio. Plinio el Viejo va más allá en sus afirmaciones, y sostiene que se practicaban también en las Islas Británicas; esta versión parece ser confirmada por las tradiciones orales irlandesas recopiladas por la cristiandad, cuyos historiadores afirman que St. Patrick debió prohibir los sacrificios humanos en Irlanda.

Con respecto a la forma en que se llevaban a cabo estos sacrificios, Julio César escribe en sus *Comentarios* que *"...Un galo atacado por una grave enfermedad, o expuesto a los peligros de la guerra, inmolaba una víctima humana, generalmente la de un reo condenado a muerte, convencido de que los dioses no podían proteger su vida, si a cambio de ella no se entregaba la de otro ser humano..."*.

"Estos sacrificios —continúa el autor—, *practicados por los druidas mayores, eran perfectamente aceptados por las tradiciones populares, y cuando para ellos faltaban reos de muerte, si la ocasión lo justificaba, se recurría a personas inocentes. La forma de ejecución era siempre la misma: se tejía un canasto de mimbre gigantesco, con la apariencia del dios a quien iba destinado el sacrificio, se colocaba dentro al hombre o los hombres señalados, se cubrían con ramas de encina y se les prendía fuego, pereciendo las víctimas abrasadas por las llamas, como una forma de purificación".* [7]

Sin embargo, Suetonius en su libro *César y las Galias*, afirma que *"...los sacrificios humanos practicados por los galos no eran en realidad tales sino que, la mayoría de las veces, los inmolados eran reemplazados por animales, o bien se los pinchaba ligeramente, para sacarles un poco de sangre, que luego se ofrecía a los dioses".* [8]

Las ceremonias de iniciación

En primer lugar, creo oportuno reiterar aquí la orientación netamente shamánica de la tradición druídica, lo que, como en toda comunidad de ese tipo, involucra necesariamente una ceremonia de iniciación —en este caso tres, para acceder sucesivamente a las túnicas de vate, de bardo y de druida— que, como cabía esperarse de una raza violenta y combativa como los celtas, en ocasiones cobraban características muy duras para los postulantes.

El más sencillo de los "ritos de pasaje" o ceremonias de iniciación era el correspondiente a la jerarquía de *vate*, durante el cual el aspirante debía trepar, descalzo y sin ropas, a un roble de siete ramas, dando igual cantidad de vueltas alrededor del tronco mientras lo hacía, y permaneciendo luego hasta el día siguiente abrazado al tronco, absorbiendo la energía vital del Arbol de la Vida; al cabo de ese tiempo se le permitía vestir la túnica roja y comenzar a difundir entre el pueblo las tradiciones celtas.

Según Robert Hamway, investigador de las tradiciones shamánicas comparadas, "...*existen dos puntos básicos de contacto entre este rito* (la ceremonia de iniciación de los vates) *y el esquema universal shamánico: en primer lugar, el ascenso al Roble de la Vida y de la Muerte, que simboliza el viaje al Mundo Inferior shamánico, y en segundo lugar, el hecho de despojarse de su única posesión terrena* (la túnica amarilla) *para luego renacer con la roja, como en una nueva encarnación...*".[9]

La segunda iniciación, que permitía al *vate* convertirse en *bardh*, requería del postulante un viaje al Bosque de los Carnutos (véase Glosario) durante el cual debía internarse en la espesura de encinas, sin ropas ni calzado, y permanecer allí durante siete días con sus noches, sin alimentos ni contacto humano, y bebiendo únicamente una pócima preparada con muérdago y *mead*, preparada especialmente para la ocasión por los druidas tutores del iniciado.

Durante ese lapso, el vate sólo debía meditar, escribir y cantar canciones de alabanza a los dioses, que luego serían escuchadas por sus maestros y, por sobre todas las cosas, mantenerse en contacto con el *sidh* (simbolismo celta del Mundo Superior shamánico), para aprender todos los conocimientos que le serían necesarios en su nueva vida. Es interesante destacar aquí que, a pesar de que gran parte de las ceremonias de iniciación druídicas se han perdido, o han sido erradicadas por el cristianismo, puede notarse un evidente paralelo entre ellas y las tradiciones ancestrales shamánicas.

Siempre según Hamway, "*...en la iniciación del* bardh, *aparte del simbolismo de reencarnación que significa el cambio de túnica, como en el caso de los* vates, *existe una fuerte connotación mística en el tema de la meditación y la comunicación con los dioses* (el Mundo Superior), *que muestran un notorio paralelismo con la realidad extática experimentada por shamanes de lugares tan disímiles como los Altaicos y Yakutos de Siberia, o los Hopi y Arapahoe de los EE.UU. Esto se complementa perfectamente con la ingesta de un producto intoxicante, basado en una bebida fermentada de alto contenido alcohólico* (mead) *y el muérdago del roble, al cual se le atribuyen ciertas características de alucinógeno, aunque esto último aún no ha sido debidamente investigado*".[10]

La última ceremonia de iniciación, el transito entre el *bardh* y el *druida*, es la que muestra con mayor claridad la similitud de los rituales de iniciación druídicos con el esquema inmutable de aniquilación y resurgimiento shamánico, similar al que en la antigüedad se le atribuía al mítico Ave Fénix.

"*Durante la iniciación shamánica,* —acota Mircea Eliade en su conocido libro El shamanismo y las técnicas arcaicas del éxtasis— *el elegido, generalmente en estado extático, es invariablemente inmolado, ya sea incinerado, asfixiado, descuartizado o desmembrado, para que pueda aprehender la vivencia de la muerte, superarla, descender a los infiernos* (el Mundo Inferior), *volver a subir a los cielos (el Mundo Superior) y, finalmente, regresar a la vida (el Mundo Interme-dio, o Mundo Real), encarnado en un ser poderoso, sabio y capaz de realizar proe-zas impredecibles al servicio de su comunidad.*"[11]

En el caso de los *bardhs*, la ceremonia se realizaba en un claro es-condido del bosque, sin la presencia de laicos, y estaba protagonizada por el aspirante (el rito era individual) y siete de los druidas mayores, encargados de llevar a cabo la inmolación. El *bardh*, previamente prepa-rado con cánticos y libaciones de mead y muérdago y, por supuesto, desnudo, era desmembrado por los druidas con sus hoces de oro, quienes colocaban su cabeza sobre un pequeño altar, para que pudiera contemplar la ceremonia.

A continuación, el druida mayor —en ocasiones el Archidruida— abría con su propia hoz el abdomen del discípulo, y colocaba en su in-terior siete bellotas (el fruto de la encina o roble) y una piedra de azu-rita, con las cuales se aseguraba al futuro druida la sabiduría, encarna-da por el color azul, y la fuerza vital necesaria, provista por los frutos del Arbol de la Vida. Posteriormente, vuelven a colocar los miembros y la cabeza en su lugar, y el nuevo druida regresa de los infiernos, para recibir la túnica blanca que vestirá por el resto de su vida, y la hoz de oro para recoger el muérdago.

El cáliz de Ardagh, aparentemente depositado en el condado de Limerick, Irlanda, por los invasores vikingos, se considera uno de los trabajos más logrados de la orfebrería celta, destinado a prácticas druídicas

Según Harry Cawte, especialista australiano en shamanismo comparado," ...*es interesante analizar, por ejemplo, la equivalencia entre los ritos de iniciación de los actuales Kundela* (shamanes de la tribu Arunta, en las llanuras de Rumbalara, Australia Central) *con los de los antiguos druidas, quienes decapitan a los futuros shamanes, abren su tórax y colocan en su interior trozos de cuarzo hialino* (cristal de roca), *que le aportarán su claridad cuando deban afrontar las decisiones, e incluso peligros, que les imponga su cargo...*".[12]

Si bien no han sido comprobadas sus afirmaciones, Strabo de Pontus habla de una ceremonia de iniciación distinta, realizada en la "Piedra de los Druidas", ubicada en el bosque de Dartmoor, Inglaterra (al cual probablemente Strabo jamás llegó). Según sus recopilaciones, "...*la roca del bautismo se encuentra en una profunda cueva del bosque, y el iniciado debe pasar a través del agujero en la roca, para caer en el arroyuelo que corre debajo de ella. Esta ceremonia se lleva a cabo en un día especial y único del año en que éste se encuentra iluminado por los rayos del sol que atraviesan una parte del techo de rocas. El ritual está ordenado y dirigido por uno de los darvid-din o, en ocasiones, por el mismo Archidruida y el iniciado, que se encuentra desnudo al iniciar la prueba, es luego vestido con la túnica que corresponde a su nueva graduación...*".

Creencias, ritos y tradiciones

Además de la poco probable existencia del "culto oghámico" de Pomponio Mela, los druidas conducían los ritos comunales y difundían las creencias y tradiciones, en ocasiones distintas de un clan a otro, pero siempre con una base común, transmitida oralmente de generación en generación.

Uno de los conceptos comunes a todas las tribus galas, por ejemplo, era el de la vida después de la muerte, y los druidas enseñaban el principio de la transmutación de las almas y preparaban a sus seguidores para la próxima reencarnación. Esta doctrina estaba tan arraigada en la tradición celta, que invariablemente enterraban a sus muertos bien provistos de alimentos, armas y ropas, para proveer a su alma mientras encontraba un nuevo cuerpo que habitar.

Entre los celtas continentales, por ejemplo, el Más Allá, o espacio en que el alma esperaba su nuevo cuerpo, estaba ubicado, según las regiones geográficas, en cavernas subterráneas o en islas lejanas, que los hombres jamás podían hallar mientras estuvieran vivos. Según las tribus, el Más Allá recibía el nombre de "Tierra de la vida eterna" (*belgas* y *helvecios*), "Praderas eternas" (*bretones* y *aquitanos*), "País de la eterna juventud" (*galos transalpinos*) y "Paraíso intermedio" (*galatas* y *danubios*), entre otros.

En las creencias *Irish* y *Scott Gaël*, en cambio, los distintos planos de la transmutación estaban simbolizados por la imagen de tres círculos concéntricos; estos círculos eran desde dentro hacia afuera: *Awbredh*, que literalmente significa centro pero también, significativamente, comienzo; *Gwynneth* (pureza) y *Kawgynt* (cielo, espacio infinito).

Awbredh. Es el Círculo de la Necesidad, y se identifica con el centro del Universo, donde el alma comienza su existencia. Allí debe iniciar su aprendizaje y perfeccionamiento, y tendrá que transitar por numerosas reencarnaciones y superar duras pruebas antes de pasar al círculo siguiente. Awbredh representa la vida terrenal, y una vez que el alma escapa de sus límites, ya no regresa a él.

Gwynneth. Es el Círculo de la Purificación, al cual el alma sólo puede acceder después de sacudirse del yugo de las pasiones y deseos terrenales. Allí puede descansar para siempre de las reencarnaciones, que no son más que el medio de liberarse de los tres obstáculos que impiden su perfección: la crueldad innecesaria con los inferiores, la mentira dolosa y el orgullo injustificado.

Kawgynt. Es el Sidh Supremo, o la morada del Sumo Poder del Universo, que, curiosamente, no tiene una personificación definida en la mitología celta, ya que, como veremos más adelante, no existe en ella ninguna deidad omnipotente. Kawgynt es un círculo infinito, ya que carece de límite exterior, y en él, el alma obtiene la serenidad eterna, absoluta y definitivamente libre de las ataduras materiales.

Durante su permanencia en el círculo interior, y en el período involucrado entre una encarnación y otra, el espíritu permanecía en un

Triskels, o adornos metálicos con que los orfebres celtas simbolizaban la trilogía Awbredh-Gwynneth-Kawgynt

estado inmaterial, pero no totalmente desligado del mundo terreno. Tácito,[13] en su *Vida de Agrícola*,[14] cuenta que *"...los galos creen en la reencarnación de las almas, y durante los tiempos de tránsito entre un cuerpo y otro, las nubes sirven de mansión a los espíritus, pero al pasar al círculo siguiente, los hombres virtuosos y esforzados son recibidos con gran fiesta en el alcázar de sus antepasados, aunque los cobardes y los reos de negros delitos son excluidos de este honor, y vagan errantes por los vientos y las tempestades, sin poder detenerse jamás en parte alguna. El alma de los bienaventurados, en cambio, se libera de todas sus desavenencias, pero conserva todas las aficiones que tuviera en vida; enconadas peleas hacen el deleite de estos incansables guerreros, alternándose con inacabables orgías, en las que se solazan con exquisitos platos y sus bebidas predilectas".*

"No obstante —agrega Tácito—, *para que su alma pueda entrar en la etérea mansión de sus ancestros, es preciso que un druida la conduzca hasta ella; de lo contrario, el espíritu se perdería entre las impuras y fétidas emanaciones del estanque Leo, en las inmediaciones del Averno..."*

"...Durante la etapa de tránsito —precisa el autor más adelante—, *la muerte no es suficiente para cortar los lazos que los unen a la vida terrena, y por eso es frecuente entre ellos* (los pueblos célticos) *la creencia en aparecidos, de los que suelen reconocer sus voces en el restallar de los rayos, el silbido de las tempestades y el fragor de los truenos. Sin embargo, no se aparecen de la misma forma los buenos y los malos espíritus; los primeros se muestran a sus allegados en forma festiva y gozosa, en valles floridos y riberas apacibles, mientras que los segundos lo hacen en sombrías cavernas y umbríos pantanos húmedos y pestilentes..."*[15]

Lugares y objetos sagrados

Antes de la llegada de los romanos, los celtas no poseían templos para sus rituales religiosos, aunque algunos accidentes naturales, como lagos, estanques, ríos y colinas bajas solían ser considerados sitios sagrados, como así también ciertos megalitos prehistóricos. Un ejemplo de ello es el conjunto de Stonehenge, en el cual los druidas efectuaron numerosos ritos religiosos; esto hizo que muchos investigadores consideraran que los mismos druidas construyeron el megalito, aunque hoy se sabe que Stonehenge fue terminado más de un milenio antes de que los primeros celtas llegaran a las Islas Británicas.

El culto de las aguas fue, quizás, el más practicado por los celtas. Los estanques, fuentes y ojos de agua se encontraban siempre bajo la protección de una deidad femenina, ya que se los consideraba manantiales surgentes del útero de la Madre Suprema. Esta consagración influyó notoriamente sobre la toponimia, como, por ejemplo en el caso de varias fuentes termales francesas, como la de Bourbonne, Bourbon–Lancy y Bourboule, antiguamente consagradas a la diosa *Borva (Borma o Bormania)*

Los ríos, por el contrario, estaban regidos por dioses masculinos, quienes controlaban las crecientes y bajantes y la violencia de la corriente. A veces, varios cauces estaban consagrados a un mismo dios; así, por ejemplo, los ríos galos Deheune, Dive y Divonne se encontraban bajo la protección de *Deva* (*Div, Divona*), el Ionne bajo la de *Icaunus*, y el Luxeuil bajo la de *Luxovius* o *Luxovixis*.

También los árboles eran objeto de veneración, y cada uno de ellos poseía su propio dios tutelar, además de tener asignada una letra del alfabeto Ogham; así, *Collen* (Irish gaël) o *Coll* (goidelic) era el dios del avellano, *Boix* (Irish gaël) o *Buxenus* (goidelic) el del boj, *Qwert* (Irish gaël) o *Abhall* (goidelic) el del manzano, etc. (véase Apéndice 2, Alfabeto Ogham).

Un párrafo aparte merece el roble o encina (ver nota [11] en Algunos conceptos previos) que, según los cronistas de la época, puede considerarse como una de las deidades mayores, al menos entre los galos.

Un santuario druida en medio de una foresta de encinas. Estos lugares estaban generalmente vigilados por árboles, fuentes y piedras sagradas, y resultaban tan aterradores, que hasta los mismos druidas que ejercían sus funciones en ellos, tenían a veces temor de acercarse después de la caída del sol.
Aguatinta medieval belga, de autor anónimo, c. 1.250

"...En los bosques de encinas tienen los druidas sus santuarios — asegura Plinio el Viejo—, *y no realizan ningún rito sagrado sin hojas de encina. Creen que el muérdago sagrado que crece sobre su corteza revela la presencia del dios en ese árbol, por lo cual lo recogen con gran devoción y ceremonia. Tras haber sacrificado dos toros blancos, el druida mayor, vestido con su túnica blanca y descalzo, sube al árbol y corta con una hoz de oro el muérdago, que envuelve en un paño igualmente blanco..."*[(16)]

El culto del muérdago ha dejado huellas visibles en muchas costumbres, algunas de las cuales han perdurado hasta nuestros días, como el caso de los aros trenzados que se utilizan en las fiestas navideñas, o las coronas que se cuelgan en las puertas de las casas de algunos países anglosajones, como señal de bienvenida, cuando se espera a un huésped especial.

También el manzano era un árbol sagrado para los celtas, y los druidas utilizaban sus frutos para la adivinación, haciendo que el consultante cortara una manzana en forma transversal, y leyendo su porvenir en el pentagrama que aparece en el centro del corte. El pentagrama era un símbolo de la diosa Irish gaël *Cerriydwenn*, poseedora de un caldero hirviente en que sumergía a los hombres para purificarlos de sus faltas contra los dioses; posteriormente, el pentagrama fue adoptado por los católicos irlandeses como un símbolo de las heridas de Cristo, y el caldero de Cerrydwenn se transformó en el Santo Grial

Con las primeras oleadas romanas, los druidas comenzaron a construir grandes templos en madera de roble, utilizando para ello únicamente troncos que habían sido abatidos por fenómenos naturales y no por la mano del hombre. Las construcciones más usuales eran de forma rectangular o de herradura, figura esta última que representaba la Gran Puerta de la Madre Suprema, símbolo, a su vez, de *Awbredh*, el camino hacia la perfección a través de la reencarnación. La consagración de estos templos parece haber tenido una importancia muy relativa para sus constructores, y sólo en algunos de los encontrados hasta el momento se han observado imágenes talladas en los troncos principales, o grabadas en placas de metal, representando a la deidad.

El calendario celta

El calendario druida estaba basado en las fases de la luna, por lo que cada mes contaba con una mitad positiva, luminosa y ascendiente, que correspondía a la luna en cuarto creciente y llena, mientras que la mitad oscura, decadente y negativa se correspondía con las fases de luna menguante y nueva; de la misma forma, durante el período brillante se llevaban a cabo los conjuros y hechizos de magia blanca, mientras que las ceremonias secretas de magia negra tenían lugar en las fases oscuras.

Cada uno de los meses del año, 12 en total, tenía asignada una letra del alfabeto Ogham, y estaba consagrado a un árbol o planta determinada, a la cual se veneraba durante ese lapso (véase Apéndice 2).

En la fiesta de Beltayne, las jóvenes parejas corren a refugiarse al bosque,
tentados por las hadas y los duendes.
The riders of the sidh (*John Duncan, témpera sobre lienzo, 1896*)

También conocían la duración y división del año solar, es decir el tiempo que tarda la tierra en recorrer su órbita alrededor del sol, y lo aplicaban para recomendar a su pueblo las fechas para la siembra y la cosecha de los distintos productos agrícolas.

Para compensar la diferencia entre el año solar y el lunar, los druidas establecieron la inserción entre abril y mayo de un mes extra de 30 noches cada tres años (el registro del tiempo se llevaba en función de las noches, y no de los días). Al igual que los meses, los años también contaban con una mitad oscura y una brillante; la primera de ellas comenzaba inmediatamente después de la última noche del año, el primero de noviembre, con la fiesta de *Samhain* (*Samhuyn*), de la que proviene la actual festividad de Halloween;[17] la segunda, con la fiesta de *Beltayne* (*Beltuin*), el primero de mayo; las otras dos fiestas importantes de carácter religioso y comunal, que se intercalaban entre estas, eran: *Ymbolc* (*Imbolc*), el primero de febrero, y *Lugnasad* (*Lughnassadh*), el primer día de agosto (véase Glosario).

El día de *Beltayne*, primero de mayo, se iniciaba entre los Irish Gaël un mes de libertad sexual, denominado *Cyann*, festejando la unión entre el gran dios *Cernunnos*, representado con una gran cornamenta de ciervo, y la Madre Suprema, la Tierra. En este período, los jóvenes podían formar parejas tentativas, que duraban un máximo de un año y un día, y al cabo de ese tiempo, debían ser refrendadas si deseaban continuar unidos; si la experiencia no era satisfactoria, cualquiera de los dos podía negarse, ya que, de allí en más, el matrimonio se convertía en permanente.

En sus relaciones de pareja, los celtas daban prioridad a la familia por sobre toda otra consideración, y no concedían demasiada importancia a la virginidad; se estimulaba la actividad sexual entre los jóvenes, especialmente durante la festividad de *Cyann*, y consideraban a los niños gestados durante ese lapso como protegidos de los dioses.

Según la tradición, los responsables de despertar las inquietudes sexuales entre los jóvenes eran las *sidh* (hadas) y los *leprechauns* (duendes o elfos), quienes los incitaban a marchar hacia el bosque y pasar allí los días juntos. Durante este período, las mujeres vestían de verde claro, un color que la tradición asignaba a las vestiduras de las hadas, y los jóvenes de verde oscuro, el tono tradicional de los leprechauns, pero a partir del siglo VI d. C., los evangelizadores cristianos comenzaron a difundir la especie de que el verde era de mala suerte, en un fútil intento de que los jóvenes, especialmente las muchachas, abandonaran esa actitud promiscua que, por supuesto, no era bien vista por la Iglesia Católica.

Las fiestas anuales

Además de la división del año en cuatro períodos, los druidas contaban, también, con otras dos mediciones cronológicas de mayor duración: el Ciclo Estelar, que se reiniciaba cada 46 meses lunares (19 años), y la Era Druídica, que abarcaba 630 años. Todas estas mediciones tenían como punto de partida la fecha de la batalla final de Mac Tuireagh, día en que los Tuatha Dé Danann vencieron definitivamente a los invasores *formoré* (véase Capítulo IV).

Entre las festividades no-programadas, cabe mencionarse un rito sacrificial Irish gaël, practicado en la coronación de los reyes, y cuyas características lo hacen muy semejante al ritual hindú del sacrificio del caballo (asvhamedha), por lo que algunos autores sugieren la existencia de una rama común muy antigua entre los celtas y los hindi.

El historiador eclesiástico Giraldus Cambrensis (c. 1180-1230) describe este ritual, rescatado, según sus palabras, de la tradición oral de los reinos del norte de Irlanda, llevado a cabo durante la coronación de los reyes, en el que se incluye el sacrificio de una yegua blanca. *"...Al comienzo de la ceremonia —relata el narrador— el futuro rey simula una cópula simbólica con el animal, que luego es sacrificado y hervido, y el heredero al trono se baña en el caldo, bebe de él y come la carne de la yegua. De esa forma, el rey obtiene la fertili-*

dad necesaria para asegurar a su pueblo un heredero varón, a la vez que se compro-
mete con los dioses a procurar la prosperidad de su pueblo, y a que si actúa en forma
injusta, la cólera de los dioses caerá impiadosa sobre su persona."

Esta interpretación parece reafirmarse con el concepto de los celtas insulares de que la soberanía de un rey es, en sí misma, una diosa, a la que el rey debe desposar, a los efectos de asegurar el bienestar de su pueblo. Esta noción, a su vez, puede haberse originado en una creencia muy antigua de las comunidades shamánicas ancestrales, según la cual es necesaria la unión entre un dios tribal —o un *shamán* que lo represente— con la Diosa de la Tierra, o del Agua, como fuente de fertilidad. Estas evidencias tienden a sugerir que, al menos entre los celtas insulares, los reyes poseían cierta condición sagrada, y que se preocupaban seriamente por el bienestar y la prosperidad de sus pueblos.

En un pueblo belicoso y expansivo como el celta, no es de extrañar que gran parte de las festividades, incluso las de raigambre pastoril, se festejaran con demostraciones de exuberancias físicas, donde no faltaban las exhibiciones de fuerza y las competencias de resistencia al alcohol, en las que se ingerían ingentes cantidades de cerveza de malta, hidromiel, *mead* y *metheglyn* (véase Glosario), y en las cuales las mujeres no siempre llevaban las de perder. Tampoco faltaban las destrezas guerreras —desde luchas a mano limpia hasta combates armados— que no pocas veces terminaban en verdaderas batallas campales, con numerosos heridos y contusos.

Festividades celtas que aún perduran

Un ejemplo de la perdurabilidad de las costumbres y tradiciones celtas hasta nuestros días es el festival de Eisteddfod, término derivado del gaélico *eistedd* = "sentarse" y *fod* = "reunión" o "competencia".

Aunque algunos autores niegan su aparición antes del siglo VII, existen evidencias para suponer que estas reuniones de *bards* (bardos) se realizaban ya en el siglo IV, aunque, probablemente, al principio hayan estado circunscritas a los bardos iniciados, y no pudiera participar de ellas el común de la población, como sucedió más adelante.

A partir del siglo VII, en la región de Gales, al sudoeste de la mayor de las Islas Británicas, Eisteddfod comenzó a convertirse en una reunión abierta, destinada a promover las tradiciones y la lengua galesa a través de interpretaciones competitivas de drama, música y poesía, hasta que, a fines del siglo XIII, Eduardo I, Rey de Inglaterra, provocó una verdadera masacre en la comunidad de los bardos, por temor a su acendrado nacionalismo.

Sin embargo, tres siglos después, hacia fines del 1500, Isabel I de Inglaterra cobró un repentino interés por Eisteddfod y, gracias a su mediación, los festivales fueron restablecidos a partir del siglo XVII, bajo patronazgo real. Las competencias, ahora de alcance nacional e internacional, decayeron durante el siglo XVIII, pero un renovado interés en el druidismo y el misticismo shamánico revivió la tradición en el siglo XIX. En la actualidad, Eisteddfod aún se reedita año tras año, poniéndose un especial énfasis en la conservación de la pureza de la lengua galesa.

Sociedad y familia

A los ojos de griegos y romanos, generalmente morenos, delgados y de altura media, los celtas eran admirados por su elevada estatura, su complexión robusta y musculosa y el color claro de sus ojos y sus cabellos. Sin embargo, estas características eran más bien comunes entre las castas guerreras, pero no entre el resto de la población, entre la cual los restos encontrados muestran una considerable variación en su contextura y la conformación craneal.

Strabo de Pontus describe a los celtas como *"...gente que ama la aventura, el placer y la bebida pero, por sobre todas las cosas, aman las riñas y la guerra...".*

"...Incluso desde tiempos muy antiguos —continúa—, uno de sus rasgos más notables es la gran cantidad de tribus que compiten entre sí ferozmente por el dominio de una región. El sistema de gobierno más común desde hace más de diez centurias —agrega, refiriéndose al período La Tene— es el de pequeños reinados independientes, cuyos reyes eran generalmente elegidos por combates rituales entre los postulantes o por elección; en los últimos tiempos —a partir de la dominación romana— este sistema tiende a predominar entre los miembros de la aristocracia, aunque la clase guerrera no ve con buenos ojos esa solución..."

Dos guerreros celtas de rango superior, con sus vestimentas de gala, comparando sus armas.
Aguatinta de Stephen Reid, 1911

La estructura social

Más allá de las diferencias locales, la organización social celta era tripartita: por un lado el rey y la nobleza; en el segundo nivel la aristocracia guerrera, y finalmente los pobladores libres, agricultores, pastores y artesanos, entre los que se distinguían los herreros, a los que se dispensaban prebendas y consideraciones especiales. En los últimos períodos del mundo celta occidental, la influencia de la aristocracia cobró inusitada relevancia con un esquema social que se expandió rápidamente a través de toda Europa: el sistema del *clientismo*, una especie de estructura feudal de índole económica, que obligaba a los pobladores de menores recursos a comercializar sus productos a través de terratenientes más poderosos, a quienes debían protección.

La mayoría de las ciudades celtas estaban construidas alrededor de fortalezas, conocidas hoy como *hill forts* (fuertes elevados), en las cuales residían los reyes y los *arrgh tuatha*, o jefes de clan, como se denominaban los equivalentes celtas de los señores feudales.

Los *oppidae*, como los llamaron los romanos, comenzaron siendo simples viviendas amuralladas, construidas a partir del siglo II a. C., como respuesta a la presión de las invasiones germanas desde el oeste; con el tiempo, estas fortalezas pasaron a convertirse en verdaderas ciudades, con una considerable concentración de población y actividad comercial. A la llegada de César a la Galia Transalpina, la región estaba rodeada por un verdadero cinturón de *oppidae*, pero su victoria hacia la primera mitad del siglo I a.C. determinó su declinación, aunque muchas de ellas aún seguían ocupadas hacia el final del primer siglo de la Era Cristiana.

Los *hill forts* estudiados hasta el momento muestran una gran variedad de tamaños y de construcción. Bibracte, escenario de una de las batallas más cruentas de las Guerras Gálicas, se encuentra situada a 800 metros sobre el nivel del mar, con una extensión de alrededor de 300 hectáreas, y constituye uno de los monumentos más excavados del actual territorio francés. Alesia, donde se desarrolló la batalla en que fue derrotado Vercingetorix, y que determinó la caída final de la hegemonía celta en las Galias, ocupaba un área de 240 hectáreas; Gergovia, en Clermont-Ferrand, 185, y Noviodnum, sobre la costa del Canal de la Mancha, 97. Quizás las *oppidae* más extensas sean las del clan *vindelici*, entre las cuales se encuentra la de Manching, cerca de Ingolstadt, en Bavaria, con 939 hectáreas de superficie, en la que aún continúa el proceso de excavación, y está considerada como la fortaleza más oriental de las construidas en el estilo galo descrito por Julio César; la de Kellheim, también en Bavaria, es aún más grande, y el emplazamiento de Urach, en Wurtem-berg, que involucra una serie de ocho fortalezas, cubre un área de más de 90 kilómetros cuadrados de superficie.

La familia

Al igual que en la mayoría de los sistemas culturales indoeuropeos, la familia se encontraba estructurada en forma patriarcal, y el parentesco se establecía de acuerdo con los ancestros comunes varones. La propiedad de la tierra se le otorgaba a la familia en pleno, cuyos miembros en conjunto eran igualmente responsables de todas las obligaciones sociales, tales como cultivar los campos, pagar los impuestos, etcétera.

La relación familiar era de tipo comunal directo, regida sin apelación por el cabeza de familia, e integrada por sus esposas (la poligamia era un rasgo común entre los clanes celtas, especialmente entre los Irish Gaël), sus hijos y sus nietos; sin embargo, el status de la mujer dentro de la familia parece haber variado considerablemente de acuerdo con la posición social y con la prosperidad de la comunidad.

Vestimenta y alimentación

Como cabe esperarse de un pueblo tan ferozmente independiente y tan disperso como el celta, tanto las ropas como la alimentación y las joyas personales adoptaron características muy disímiles. Los pantalones, por ejemplo —una innovación importada de Oriente— no llegaron a la Galia Cisalpina hasta el siglo IV d. C., pero ya eran usados por los varones pudientes de su homónima Transalpina cuatro siglos antes.

Entre la gente de pueblo, la vestimenta exterior más común eran las túnicas de lana tejida, llamadas *brat,* sujetas a la cintura mediante un cinturón de cuero, y en el hombro por un alfiler de seguridad o un broche (fíbula). Debajo de ella se usaba una túnica larga y ligera, generalmente de lino (*léine*), también ceñida a la cintura con una cuerda de lana o cáñamo, o un cinturón.

Una notable excepción a estas vestimentas, adoptadas por casi

Ropa típica de un cazador de jabalíes galo. Sus servicios eran muy bien pagos por los equites, para sus festines.
C.H. Smith, Trajes antiguos irlandeses

todas las tribus celtas, fueron los clanes escoceses cuyos miembros vestían, varones y mujeres, los conocidos *kilts* con los respectivos colores y diseños propios de su clan (véase Tartans, en Glosario).

De acuerdo con Posidonius, "...*el alimento principal de los celtas continentales es el pan y la carne de cordero, que preparan cocida o asada; y la bebida más difundida, la cerveza, aunque las familias más pudientes suelen tomar en las fiestas vinos importados del Mediterráneo. En los grandes ágapes, sin embargo, como así también en las festividades rituales y comunales, se suele servir jabalí, que los grandes señores cazan en las forestas de encinas, como diversión...*".

"*Acerca de estos animales, muy apreciados como alimento, existe en las Galias la costumbre ancestral de que los hijos de los reyes, los nobles y los guerreros a su servicio reciban, a los once años de edad, una iniciación viril consistente en cazar un jabalí provistos únicamente de una lanza corta; sólo después de este rito iniciático pueden convertirse en soldados y servir en el ejército de su clan.*"

"*Así, en la madrugada de su onceavo cumpleaños, el joven marcha solo al bosque de encinas —lugar frecuentado por los cerdos salvajes, debido a su preferencia por las bellotas,— y permanece allí hasta haber logrado su propósito, o morir en el intento; cuando regresa, el jabalí cazado por él es paseado por todo el pueblo, y luego se sirve como plato principal en una cena en la que la familia toda festeja su mayoría de edad, mientras que los bardos improvisan canciones sobre la hazaña del joven.*"[18]

Bautismo de armas de un joven irish gaël, a los once años de edad.
Acuarela: T.H.Rolleston, Mitos celtas, 1876

Cabe destacar aquí que los trabajos de Posidonius sobre los celtas se limitan a los habitantes de la Galia Transalpina (jamás estuvo en las Islas Británicas) ya que, por ejemplo, los celtas insulares no consumían cerveza, sino mead, y no durante las comidas cotidianas, sino en las fiestas o banquetes; los Irish Gaël, por su parte, además de mead preparaban una bebida alcohólica de alta graduación, basada en la cebada malteada, que luego dio lugar al famoso "whisky de malta" irlandés.

Con respecto a las ceremonias de iniciación de los jóvenes varones, si bien se practicaban en la mayoría de las tribus celtas, y las edades eran similares, variaban mucho en su realización, desde simples permanencias de algunos días en los bosques, alimentándose de bayas y frutos silvestres, hasta combates rituales e incluso experiencias extáticas conducidas por los druidas.

Los celtas eran gente hospitalaria, afectos a las fiestas, la buena comida, las bebidas y las grescas, pero poco dados a emprender acciones concertadas a largo plazo. Las fiestas comunitarias eran muy frecuentes, especialmente en los *tuatha* más pequeños, y en ellas todo el pueblo aportaba su parte de comida y bebida, y los bardos cantaban alabanzas a los dioses, a los héroes muertos en batalla y a los presentes, acompañados por un instrumento similar a la lira.

La vivienda

Al igual que en todos los otros parámetros de su historia, los celtas mantuvieron su independencia en la construcción de viviendas, adaptándose a los materiales disponibles, al clima y al dictado de sus necesidades; sin embargo, entre los distintos tipos de construcción, pueden distinguirse, a grandes rasgos, tres líneas diferentes: las casas de piedra, típicas de las regiones montañosas, como el Ulster y el norte de Escocia, en las que los cantos rodados se apilaban unos sobre otros, sin ningún adhesivo, y los intersticios se cubrían con una mezcla de tosca molida, paja de heno y agua; en las zonas bajas, como la desembocadura del Shannon, en el condado de Connaught, las casas eran, por lo general, de adobe (lodo reforzado con paja de trigo o bagazo de lino), aplicado sobre un armazón de ramas, y el tercer estilo, muy difundido en las áreas boscosas, como la cuenca del Rin, en Alemania o la del Boyne, en Irlanda, incluía paredes de troncos, rústicamente labrados con azuelas de mano.

Con respecto a la distribución de las viviendas, los celtas nunca respetaron un planeamiento edilicio coherente, sino que las casas estaban ubicadas donde su dueño decidía, aunque la mayoría de los clanes tendía a agruparse dentro de predios protegidos, que hoy los arqueólogos denominan *ring forts*, o "anillos amurallados". Sucesivas excavaciones han demostrado que estos espacios datan de largo tiempo atrás, algunos de ellos desde la Edad de Bronce, perdurando como habitaciones hasta la Edad Media.

Otra de las alternativas de seguridad era la de erigir las viviendas en islas fluviales, en forma de pueblos palustres, ya fueran flotantes o sobre pilotes, y acceder a ellas mediante pasarelas colgantes o *curraghs;* son también numerosos los descubrimientos de islas flotantes artificiales, construidas sobre grandes troncos sujetos a tierra para evitar ser arrastrados por la corriente.

Recursos económicos

A lo largo de toda su historia, los recursos económicos de las familias celtas se basaron en la agricultura mixta y, excepto en tiempos inestables o de guerra, lo usual eran las granjas individuales. En ellas cultivaban todo tipo de granos (trigo, cebada, centeno y avena eran los más habituales), textiles (lino, cáñamo y otros) y vegetales de mesa, como remolacha, zanahoria y varias verduras de hoja. En los tiempos de cosecha, el grano sobrante era almacenado en fosos o silos subterráneos o grandes cubas de madera.

Sin embargo, debido a la gran extensión y diversidad de terrenos y climas que llegó a cubrir la expansión celta, el ganado era, en algunas regiones, más importante que la agricultura; la presencia de grandes forestas de encinas, como, por ejemplo, en la cuenca del Boyne, en Irlanda, era favorable para la cría de cerdos, mientras que las suaves y herbosas planicies galesas se prestaban más para el pastoreo de ovejas, y las abruptas montañas escocesas para las ariscas cabras. La lana de las ovejas celtas era muy apreciada en Roma y, poco después de la invasión, la Galia Transalpina pasó a ser la principal proveedora de caballos de las tropas romanas que luchaban en el Rhin.

La economía rural y las condiciones de vida

La cultura celta, en gran parte por su carácter belicoso y agresivo, se caracterizó por no poseer grandes áreas urbanas, y las bases económicas de la sociedad fueron siempre la ganadería y la agricultura; aunque la calidad de los productos artesanales permitía un excelente comercio de éstos. También la pesca constituía un rubro lucrativo, especialmente en las zonas ribereñas y los clanes de las islas como las Hébridas y Man.

La tierra era trabajada mediante arados de reja, tirados por

La pesca era una de las industrias complementarias más importantes, que llevaban a cabo desde curraghs, *embarcaciones similares a* kayaks *esquimales*

bueyes, mientras que, de los animales criados, sólo los cerdos parecen haber sido destinados exclusivamente a la alimentación, mientras que las ovejas y corderos se reservaban para aprovechar la lana. Otro complemento alimenticio importante era la caza que, según las distintas regiones, se orientaba eventualmente hacia los jabalíes y cerdos salvajes, faisanes, gansos silvestres y pavos de monte, a los que se cazaba mediante trampas, o con arco y flecha.

Otras actividades rentables eran: la molienda de granos, la tintura de géneros y tejidos de lana, la fabricación de quesos y manteca, la germinación artificial y tostado de cebada y avena (malteado), la salazón y curación de carne para preparar tasajo, el hilado y tejido de ropas de abrigo, etcétera.

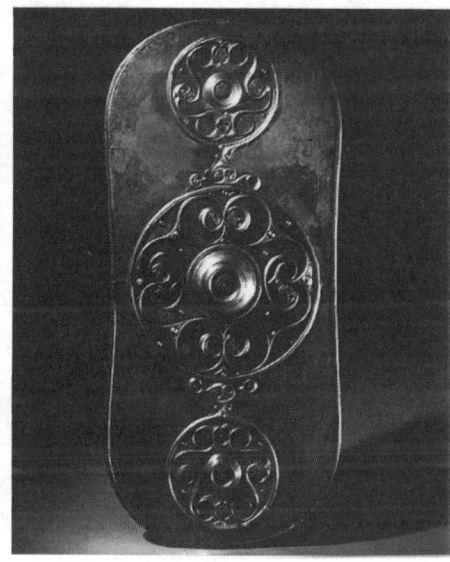

Escudo de bronce descubierto en el río Támesis, en Battersea Parl, Londres. Fue datado entre los siglos II y I a. C. Las inclusiones de cristal son características del período galorromano tardío

Armadura de combate en chapa de bronce, decorada con esquemas circulares de botones en relieve; probablemente data de las primeras etapas Hallstatt (siglo VII a. C.)

Los herreros

Como podría esperarse en una sociedad belicosa y combativa, cuyos guerreros dependían de la calidad de sus espadas, cascos y escudos, los herreros gozaban de un prestigio mayor al de cualquier otro artesano, ya que desarrollaban su tarea dentro de un contexto mágico, para lo cual se los capacitaba durante un año y un día en la isla de *Scath* (hoy probablemente Skye, del grupo de las Hébridas); allí se les

"Scatagh, la Diosa Guerrera", *ilustración de Arthur Rackam para el libro de James Stephens* Cuentos de Hadas Irlandeses

enseñaba el manejo de los metales, la curación de heridos y las artes de la guerra y la agricultura.

Algunos de ellos, una vez concluido su período, permanecían en la isla durante otro período similar, donde aprendían a construir armas mágicas,[19] especialmente entrenados por *Scatagh*, la "Dama Guerrera" que, según la tradición celta, enseñó a CuChulainn "las artes de la guerra, la magia y la sexualidad" (véase Capítulo IV). Entre estos herreros-magos podemos mencionar a *Arawun*, dios welsh del Mundo Inferior, quien construyó la espada mágica de Lugh, *Draenwyn-Ddhu*, integrante de los Tuatha Dé Danann que forjó la lanza infalible con que Nuada mató al jefe formoré, y Lailoken, quien, bajo las órdenes y directivas de Merlín, diseñó la Excalibur del Rey Arturo.

De regreso al clan, los herreros instalaban sus fraguas en las afueras del pueblo, y el lugar se convertía en un antro misterioso y mágico, al cual estaba vedada la entrada de cualquier otro mortal, excepto por invitación expresa del Herrero Mayor.

Capítulo IV

Las religiones celtas

Su diversificación

Resulta prácticamente imposible enfocar el tema de la religión céltica como una entidad unitaria, por tres razones fundamentales: en primer lugar, por la misma organización sociopolítica celta, indisciplinada y dispersa, integrada —si es que puede utilizarse este término— por clanes autárquicos, belicosos y ferozmente independientes, que en muchas ocasiones se encontraban severamente enfrentados por odios hereditarios y antagonismos políticos. Esta situación derivó, inevitablemente, en profundas diferencias sociales, políticas y religiosas.

En segundo lugar, la injerencia de las religiones extranjeras, representadas principalmente por el paganismo romano, hacia los siglos II y I a. C., y, posteriormente, la llegada de la religión cristiana, en el siglo I de Nuestra Era; estos cultos interactuaron activamente con el panteón celta primigenio, dando origen a creencias mixtas, como los dioses galorromanos, o la asimilación de santos católicos a la mitología irlandesa y viceversa.

El tercer factor —quizás el más importante— que influyó para la diversificación de la religión celta, fue la incorporación, a lo largo de su historia, de innumerables personajes míticos, entre los que se cuentan héroes invulnerables, guerreros invencibles, semidioses y animales quiméricos, que se incorporaron en forma heterogénea a la mitología de los distintos clanes, con las consecuentes alteraciones que puede sufrir la tradición transmitida por vía oral.

Por todas estas razones, y para una mejor comprensión de las creencias básicas, trataremos aquí de separar lo que puede considerarse el panteón celta primigenio, según narran las tradiciones más antiguas, de los mitos y tradiciones incorporados a lo largo de la historia, que analizaremos posteriormente. Sin embargo, cabe destacar que esta línea divisoria es sumamente imprecisa y ambigua, ya que las fuentes de información con que se cuenta son, como mínimo, confusas, ya sea por parte de las tradiciones orales directas, que suelen modificarse y "embellecerse" con el tiempo, como por los textos y escritos de los historiadores romanos y los evangelizadores cristianos, todos ellos tendenciosos y teñidos de obvios intereses unilaterales.

Por las razones expuestas, hablar de una "religión celta" es tan ambiguo como querer definir una "religión africana" o una "religión asiática"; sería más lógico expresarse en plural, para lo cual dividiremos este tema en las dos fracciones más significativas en que se fue separando la población celta entre el siglo VI a. C y el IV d. C.: las tribus continentales, distribuidas en la Galia Transalpina y en ambas Bretañas (*galos* y *bretones*, respectivamente), y los clanes insulares, localizados en Irlanda (*Irish Gaël*), Escocia (*Scott Gaël* y *Picts*) y Gran Bretaña (*Brython* y *Welsh*), que fueron menos afectados por la influencia romana.[1]

Los dioses continentales galos y bretones

Para una mayor comprensión, dividiremos las tradiciones religiosas de los celtas continentales en dos épocas diferentes: la etapa prerrománica, entre los siglos VII a. C. y I d. C., y el período galorromano, a partir de esa fecha y hasta el triunfo definitivo del cristianismo sobre los cultos paganos

La era prerrománica

Las dificultades para establecer la existencia de un panteón celta continental prerrománico estriba, básicamente, en los mismos dos factores que ya hemos analizado respecto de su historia y sus estructuras sociopolíticas: la salvaje independencia de las tribus galas y bretonas, y la escasez y características tendenciosas de la información que ha trascendido hasta nuestros días.

Uno de los ejemplos más típicos de estas tergiversaciones lo proporciona Lucano, poeta romano de origen ibérico,[2] en su poema épico-satírico *Bellum Civile*, quien menciona una "sanguinaria tríada" de deidades galas, según él ansiosas de sacrificios humanos:

"*...Immitis placatus sanguine diro, Teutates, horrensque feris altaris Esus et Taranis scythicae mon mitior ara Dianae....*" (El cruel Tutatis, saciado con ofrendas sangrientas, el horrible Esus, de feroces altares, y Taranis, con su altar no más benigno que el de la Diana escita...)

Sin embargo, nada en este pasaje ni en los sucesivos demuestra que se trate realmente de una tríada, ya que el dios *Taranis* (término derivado, según el autor, del gaélico *thorann* = tonante) sólo es conocido por la cita de Lucano, quien lo asimila a Zeus/Júpiter, por la relación entre su nombre y el dios grecorromano del trueno, los rayos y las tempestades.

Esus, por su parte, cuyo nombre significa en latín maestro, mentor, es para Lucano una deidad sanguinaria, a la que "*...se sacrificaban víctimas humanas, que eran colgadas cabeza abajo y luego degolladas, para que su sangre cayera a los pies de la imagen del dios...*".

A las razones ya analizadas debe sumarse el hecho de que los celtas —aun considerando su idiosincrasia separatista— jamás tuvieron una religión organizada, sino más bien una especie de animismo de corte shamánico, depositado fundamentalmente en las fuerzas y entidades naturales (fenómenos meteorológicos, árboles, ríos, fuentes, etc.), hacia las cuales nunca sintieron la necesidad de plasmarlas en imágenes representativas, ya fueran figurativas o idealizadas.

Otra de las dificultades que se plantean es que en la actualidad se conocen alrededor de 400 nombres de dioses, de los cuales más de 300 se adjudican a deidades locales menores. Julio César, por ejemplo, reconoce cinco deidades principales, que asocia a otros tantos dioses romanos: *Lug Lamfota (Lug el del Largo Brazo)*, quizás la deidad principal; *Cernunnos*, el dios con astas de ciervo; *Tauros Trigaranus*, el toro con las tres grullas; *Sucellus*, el dios del mazo, asimilado con el nórdico Thor, y *Epona*, la diosa de la caballería y los viajeros a caballo.

Lucano agregó luego tres más: *Ludovixius*, dios de la salud y patrón de las aguas termales de Luxeuil; *Borvo*, otro dios sanador, y *Rosmerta*, diosa de la abundancia, venerada en el este de la Galia Transalpina. Por su parte, Pomponius Mela agrega dos nombres significativos: *Belenus* y *Granus*, que posteriormente fueron identificados (ambos) con el *Apolo* romano, de lo cual se infiere que podrían haber sido el mismo dios, con distinto nombre.

Nos hallamos, entonces, en lo que respecta a los celtas continentales prerrománicos, en presencia de una religión naturista sin dioses concretos, reducida a una simple lista de nombres cuyas funciones y atribuciones son difíciles de precisar, pero que, a la luz de un estudio cuidadoso, van adoptando características cada vez más específicas, que no tienen nada que envidiar al panteón grecorromano, en riqueza y precisión. Para asimilar plenamente este concepto, es preciso entender que, para la tradición celta, entre los nombres de los dioses, los de los lugares sagrados y su emplazamiento no existía diferencia alguna, y sólo variaban en función de los dialectos de las distintas tribus; así, el nombre de *Lug Lamfota* dio lugar a los topónimos *Lugdunum* (hoy Lyon), *Loudum* y *Laon*, en Francia, *Leiden* en Holanda y *Legnyca* en Polonia.

Los dioses zoomórficos

Además de los lugares sagrados y los fenómenos naturales, los galos primitivos adoraron también diversos animales, entre los que se cuentan principalmente el toro, el cuervo, el jabalí y el caballo, muchos de los cuales dejaron su impronta en el momento de asociarse con las deidades romanas: la diosa Epona estaba invariablemente asociada a un caballo; los *helvetii* de los alrededores de Berna adoraban a la diosa *Artio*, nombre local del oso, y en el macizo de las Ardenas se veneraba a una versión de la Diana romana montada en un jabalí.

No obstante, el animal más venerado por los celtas parece haber sido el toro, hecho que no resulta extraño en las tradiciones shamánicas de todo el mundo, ya que este animal simboliza universalmente la fuerza y la virilidad. Un ejemplo de la influencia del toro en la mitología galorromana es el monumento de los Nautas, exhumado en París, en el cual figura un toro sobre el que pueden apreciarse tres grullas (*Tauros trigaranus*), dos paradas sobre su lomo y una sobre su cabeza; relaciones similares entre el toro y las grullas pueden encontrarse en el arco de triunfo de Orange y en varios pasajes de la mitología épica irlandesa, aunque hasta el momento no se ha logrado explicar convincentemente su simbolismo.

Dibujo de un bajorrelieve hallado en Nôtre Dame de París, que demuestra que ese lugar fue un punto sagrado para los druidas

También resulta peculiar en el panteón galorromano el toro con tres cuernos, del que existen numerosas estatuillas en bronce, y que hasta el momento no se ha conseguido determinar su significado; sin embargo, la mayoría de los autores parecen coincidir en que el toro ha perdurado —tanto en su imagen real como en algunas idealizaciones monstruosas— como uno de los animales que los celtas habían incorporado a su panteón arcaico, y del que no existen antecedentes en la religión grecorromana.

Los dioses antropomórficos galorromanos

Lugus, el "Mercurio" galorromano

El dios mayor de los celtas era una divinidad polifacética, a la que César, por sus atribuciones, asimiló con el dios romano Mercurio, "el dios de todas las artes", aunque nunca mencionó un nombre galo concreto para él. A partir del siglo I d. C., ya definitivamente bajo el nombre de Mercurio, aparece en 440 inscripciones y 350 esculturas registradas, lo cual lo convierten en el más difundido de todos los dioses galos.

Por sus atribuciones, Mercurio aparece entre los dioses gaélicos como *Lug el del largo brazo,* mientras que el apelativo *Lugus* aparece en tres textos dedicatorios continentales: uno en Avenches, Suiza, donde la forma es *Lugoues,* otro en Astma, Tarragona, al noreste de la Península Ibérica, como *Lugouibus,* ofrecido por la comu-

Lugus, en su versión galorromana, sin su casco y sus talones alados, acompañado de una figura semidesnuda, probablemente una diosa local.

nidad de artesanos zapateros, y el tercero en Peñalva de Villestar, también en España, bajo el nombre de *Luguei.*

La antigüedad y la difusión del culto de *Lug* quedan demostradas por ciertos bajorrelieves hallados en una cueva en el lago Vattern, al sur de Suecia, una de cuyas efigies se conoce hoy como "el dios zapatero", coincidiendo con la dedicatoria de Astma.

La falta de testimonios escritos hace que la trama de las tradiciones celtas resulte a veces muy difícil de desentrañar, pero Lugus emerge como uno de los dioses mayores, y aunque su nombre, por razones desconocidas, no haya sido demasiado difundido en el continente, es muy familiar, como veremos, en las Islas Británicas, especialmente en Irlanda y la región del Ulster.

Tutatis (Toutates, Teutatis)

Como uno de los dioses supremos y arquetípicos de la religión celta continental (aunque su nombre varía según las tribus y las regiones geográficas), *Tutatis* es el único que muestra una fisonomía, si no universal, al menos más claramente definida que el resto del panteón celta. El nombre *Tutatis* o *Teutates* suele traducirse como "El Dios del Clan", y deriva de los vocablos Gaël *tuatha* = clan (en galo *touta*, fonéticamente *tuta*, y en bretón *teuta*) y –*tis*, desinencia reservada a los reyes y los dioses, que significa literalmente "el que protege".

Pomponius Mela creyó reconocer en él *"...al principal de los dioses comunes a todas las tribus galas... su Dios Universal, defensor de los pueblos y protector de sus vidas y sus pertenencias..."*. Sin embargo, cotejando diversas fuentes, esta interpretación parece, como mínimo, algo aventurada, ya que, si los celtas hubieran adjudicado a Tutatis todos esos atributos, Julio César lo habría mencionado como dios único, y no habría hablado de varias deidades principales. Siguiendo esta línea investigativa, varios autores modernos han sugerido que el nombre Tutatis no corresponde al nombre propio de una deidad específica, sino que sugiere un calificativo genérico, que podría aplicarse a distintos dioses tribales.

Representación de Tutatis en el caldero Gundestrup, ubicada en uno de los paneles laterales interiores

Basándose en las escasas inscripciones encontradas en su época, César asocia el nombre Tutatis al dios romano Marte, al que en su tratado *De Bello Gallico* rebautiza con el nombre de *Marti Toutatii*, lo que lo convertiría en un dios paralelo al Ares/Marte grecorromano, es decir un protector de las glorias guerreras, que asistía a los héroes durante las batallas.

Sin embargo, conociendo la idiosincrasia ferozmente independiente y belicosa de los celtas, lo más probable es que cada tribu haya tenido su propio Tutatis, es decir, su propio dios de la guerra, y que cuando sobrevino la transculturación, se agregó a todos ellos, indiscriminadamente, el nombre genérico de Marte; esta posición parece confirmarse con ejemplos como el del *Mars Segomo* (El Victorioso), en la región de Borgoña y la cuenca del Ródano, cuyo nombre vuelve a encontrarse en el Ulster, al norte de Irlanda, en el héroe *Nia Segamain* (Campeón de Segomo); *Mars Beladon* (El destructor) en la Bretaña Francesa; *Mars Camulus* (El Poderoso) en Auvernia, patria de Vercingetórix, personificación del dios prerromano Camulus, que en Irlanda recibía el nombre de Cumhall, padre del héroe gaël Finn Mc Cumhall; *Mars Rudianus* (El Rojo) entre los helvecios, en Suiza y *Mars Leherenus* entre los belgas.

Otros dioses guerreros asimilados a Marte fueron *Albiotis* (Rey del mundo), *Caturix* (Señor de la Guerra), *Luxetis* (Ser Supremo) *Dunates* (Protector de las Ciudadelas) y *Regisamus* (Dios del Pueblo), entre otros. Por otra parte, algunos autores han sugerido la posibilidad de que los druidas utilizaran apelativos sustitutos, como un medio de ocultar el verdadero nombre del dios a los oídos profanos de los invasores romanos.

Taranis

Su nombre significa literalmente "el que truena" y todo parece indicar que ocupó en el panteón galo el lugar del Zeus/Júpiter grecorromano, aunque sin la preeminencia de este último sobre los demás dioses.

Está asociado con las tempestades, el águila y la rueda, esta última quizás como símbolo del rayo. Se lo representa por lo general a caballo, en ocasiones luchando con un monstruo serpentiforme, al que destruye con sus propias manos; algunos autores toman esta imagen como el símbolo de la lucha (y la victoria) del Bien sobre el Mal, la Luz sobre la Oscuridad, el Mundo Superior sobre el Inferior, etcétera.

Sin excepción conocida, las tallas, esculturas y relieves referidos al dios Taranis se encuentran en la parte superior de pilastras, muros y columnatas, y no se han registrado ejemplares fuera de la época y las regiones de las Galias ocupadas por los invasores romanos.

Cernunnos (Cernowain, Hernes el Cazador)

Rebautizado por César como *Dis Gallii Pater* (El padre de todos los galos), de acuerdo con las enseñanzas druídicas, lo asocia con el Plutón romano por su procedencia y su morada subterráneas, desde donde rige el Mundo Inferior y el Plano Astral.

Se lo representa invariablemente en la posición yoga del loto, con largo cabello rizado, barba y su cabeza coronada por una fuerte cornamenta de ciervo (a veces el testuz completo), lo que le ha valido el nombre de "dios astado" o "dios cornudo"; en algunas representaciones figura acompañado por ciervos, venados, toros, carneros y, la mayoría de las veces, una serpiente cornuda, que sostiene sobre sus piernas cruzadas.

En efigie, *Cernunnos* aparece en el caldero de Gundestrup, sentado en postura de yoga, con cornamenta de ciervo y rodeado de animales, entre los que pueden verse un ciervo, un venado, un lobo, una figura mitológica cabalgando sobre un pez y una serpiente con cabeza de carnero, frecuentemente asociada con Tutatis. En esta representación, la imagen de Cernunnos evoca significativamente la del dios hindú *Siva Pasupati* (El Señor de los Animales) grabado en el sello del emperador Mohenjo-daro, hoy en el museo de Nueva Delhi.

Mencionado por los druidas también como *Hu Gadan* (Gran Padre) *Belatucadrus* (Origen de todo) y *Vitiris* (El que fecunda), representaba también el símbolo de la naturaleza y la fertilidad, y regía los bosques, los ríos, los lagos, la vida y conducta de los animales, el amor físico, la virilidad y la reencarnación.

Según las tradiciones consignadas por P o m p o n i u s , Cernunnos tiene por compañera a una *Mater Dei* (Diosa Madre), de quien nacen todos los seres vivos que pueblan la Tierra; también es la guardiana de la Morada de los Muertos, el portal por el cual pasan las almas al Mundo Inferior. Su unión con Cernunnos

Representación de Tutatis en el caldero Gundestrup, ubicada en uno de los paneles exteriores

simboliza la tierra fecundada, la Tierra Madre, asimilándola a la *Deméter* romana o a la diosa celtíbera *Cibeles*, madre de todo lo creado.

Durante la ocupación romana (quizás influidos por su similitud con Deméter), los galorromanos la representarían sentada, vestida con una túnica y un manto; con su mano diestra ofrece una cesta con alimentos, mientras que con la izquierda retiene entre los pliegues de su manto un racimo de frutos. En ocasiones se la representa también con un niño en su regazo, simbolizando la fertilidad femenina, aunque esta representación no se ha comprobado más que en el área de la Bretaña francesa.

Sucellos

Su nombre galo significa, literalmente, "el que golpea fuerte", y se lo asocia frecuentemente con el dios gaélico *Dagda*. A pesar de aparecer en numerosas esculturas y grabados galorromanos, es una deidad que no aparece con frecuencia en la tradición oral; se lo encuentra representado bajo el aspecto de un hombre fornido y barbado, de tórax voluminoso y piernas cortas enfundadas en calzas ajustadas; frecuentemente se lo representa provisto de un mazo o un hacha, aunque en ocasiones utiliza una hoz o un hocino (machete corto de los leñadores para desbrozar las ramas cortadas).

Si bien no se tiene certeza de sus atribuciones, la tradición lo indica como el dios de la vida y de la muerte, ya que, si golpea a alguien con una de las caras de su mazo, lo mata, mientras que si lo golpea con la cara opuesta, lo resucita. También se lo considera el señor de los animales salvajes, y por sus características de guardián de la comunidad, algunos autores lo han emparentado con Tutatis, el protector de las tribus.

Figura de bronce que representa al "Dios del mazo", Sucellos para los galos y Dagda para los irish gaëls

Por otra parte, en la Galia Narbonensis se han encontrado imágenes similares a las de Sucellos, pero adjudicadas a un dios llamado *Silvanus* que, en la región de Salzach, en Austria, iba acompañado por la diosa *Aeracura*, representada con una cornucopia rebosante de frutos, símbolo característico de las *Matres* o *Matronae* (Diosas Madres).

Esus

Esus, el tercero de los dioses registrados por Lucano, constituye una figura misteriosa en la religión celta, ya que su nombre sólo figura en "El altar de los Nautas" desenterrado en los sótanos de la catedral de Nôtre-Dame, en París. En ese grupo escultórico, *Esus* está representado en el acto de talar un árbol con un hacha, acompañado de un toro con tres grullas, dos en su lomo y una sobre su testuz. Esta escena es similar a otra esculpida en el altar de Tryer, en la antigua provincia romana de Bélgica, y probablemente ilustra un mito que se ha perdido en la noche de los tiempos. El toro, conocido como Tauros Trigaranus en la tradición gala, figura también en muchas leyendas y mitos irlandeses y galeses, pero ninguna tradición insular menciona al dios Esus ni al toro con las tres grullas.

Ogmios (Oghma, Gryanaiech, Cermait)

Traducido literalmente como "el de la boca de miel" es, según Luciano de Samosata,[3] el dios galo de la elocuencia y la oratoria, de cuyos labios pendían cadenas de oro que sujetaban a los hombres por sus orejas, manteniéndolos pendientes de sus palabras.

Creador del alfabeto y la escritura Ogham, portaba un enorme garrote, y se lo asimilaba al semidiós griego Hércules, ya que se lo consideraba el protector de los indefensos, aunque su potencia no radicaba en los atributos físicos del héroe legendario. Por el contrario, era un dios anciano, maestro de la elocuencia y los discursos persuasivos, cuya virtud principal era la palabra, vínculo sutil conque unía el mundo humano con el mundo sagrado.

Su nombre no parece provenir de ninguna raíz celta, sino del término griego que significa "camino", por lo que se deduce que su origen no se remonta a épocas demasiado antiguas, sino que ha sido adoptado por los celtas (era venerado en las Islas Británicas como Oghma) no mucho tiempo antes de las invasiones romanas.

Considerado como el dios druida primordial, nexo entre los dioses y los hombres, tenía como compañera a *Ethan*, con la que tuvo varios hijos, entre ellos *Cairdre*, considerado el bardo universal de los tuatha insulares y las tribus galas y bretonas.

Belenus (Bel, Belimawr, Belenos)

Arcaico dios celta del sol y del fuego, fue rápidamente asimilado a Apolo durante las invasiones romanas. Tenía una estrecha relación con los druidas, quienes lo invocaban durante la fiesta de Beltayne, haciendo pasar al ganado a través de las llamas para su purificación y el aumento de su fertilidad.

Se lo relacionaba con los manantiales de aguas termales, la cría de ganado, la purificación por medio del fuego, los sacrificios humanos por incineración y los incendios de campos y de bosques, que se consideraban una muestra de su inconformidad con los humanos

En la región de la Bretaña armoricana se lo conoció como *Bormanus*, *Borvo* o *Bormo* (aguas hirvientes), nombres de los cuales surgieron los topónimos de varias estaciones de aguas termales, como La Burboule, Bourbon–Lancy y Bourbonne. En los Vosgos recibió el nombre de *Grannos*, del cual surgen topónimos como Granheim, en Wurtemberg y Aquisgrain (luego Aqua Granis) en los Cárpatos Occidentales. En el año 215 d. C., el emperador Caracalla invocó la protección de *Belenus*, junto a la de Apolo, cuando inauguró las termas que llevan su nombre.[4]

Brighid (Brigitt, Brid, Brig, Santa Brígida)

Reemplazada por la imagen de la mártir irlandesa Santa Brígida con la llegada del cristianismo impuesto por San Patricio, *Brighid* (*Brigitt* para los Irish Gaël) es la mayor diosa celta prerromana, posteriormente mencionada por César como la "Minerva gala", por su función de protectora de todos los estratos sociales.

Conocida también bajo el nombre de "Las Tres Madres", se la representaba como una imagen trinitaria, es decir tres mujeres en una, simbolizando a las tres clases en que se dividía la sociedad celta: como diosa de las técnicas y los oficios, protegía a los pastores, labradores, tejedores y otros artesanos; como diosa guerrera, infundía valor y asistía a los guerreros en combate, y como protectora general del clan, inspiraba a los reyes y nobles para que sus leyes y decisiones fueran justas y equitativas.

Si bien su culto fue más difundido entre los celtas insulares, Brigitt tenía numerosos santuarios en la Galia Transalpina, en los cuales ardía un fuego eterno, atendido por diecinueve *banfilidh* (sacerdotisas), que representan los años del Ciclo Estelar celta. Sus atributos eran múltiples, abarcando la medicina, agricultura, ganadería, artesanías, adivinación, brujería y un profundo conocimiento de lo arcano y lo invisible para los humanos, a quienes predecía su futuro mediante sus banfilidh.

Otra de las diosas galas a quien César atribuye el papel de Minerva es *Belisama* ("semejante a la llama"), de la cual no parecen haber trascendido demasiados datos, excepto que actuaba como una vestal, patrona de las industrias del fuego, como los hornos de carbón y de adobe, y las fraguas, en conjunto con la diosa *Scatagh*, con quienes en ocasiones se la confunde.

Sobrerrelieve de una "matrona" con sus atributos: panes, frutos y un niño recién nacido

Las "Matronae"

Entre las divinidades de menor importancia social, pero cuyo culto era muy popular entre la gente del pueblo, la tradición menciona a las *matres* o *matronae*, cuyo nombre se su-

pone derivado del río Marne, aunque la mayoría de los apelativos
locales no han trascendido, ya que tomaban el de la fuente que prote-
gían. Sus orígenes se remontan a la era prerromana y sus imágenes se
conservan principalmente en piezas de vajilla y adornos hogareños,
aunque en la época de las invasiones ya sólo se las encontraba en las
áreas rurales, circunscriptas a los alrededores de su tribu o clan.
Según algunos autores, el término *matronae* dio origen al de la diosa
galesa *Modron*.

En la estatuaria galorromana, las *matronae* se representaban invariablemente de a tres, sentadas o de pie, vestidas con largos mantos y
sosteniendo en sus manos cuencos con frutos o cuernos de la abundancia. Simbolizaban la vida, la fuerza fecunda de la naturaleza y la mater-
nidad humana, y eran las sucesoras naturales de la Madre Tierra de las
tribus neolíticas.

Scatagh (Scath, Scota)

Es una de las diosas arcaicas y, si bien su nombre fue más venerado en Irlanda y Escocia, su influencia alcanzó las costas del continente,
levantándose en su honor santuarios en las Galias y la Bretaña francesa, donde los herreros realizaban sacrificios de animales cuando debían afrontar un trabajo difícil.

Es obvio que las invasiones romanas a las Galias provocaron una
severa transculturación religiosa en ambos pueblos, y que la superposición de nombres resultante (se han registrado más de veinte apelativos
para Hermes/Mercurio, quince para Febo/Apolo, doce para Zeus/Júpi-
ter, sesenticuatro para Ares/Marte, etc.) obedece fundamentalmente a
dos factores: por un lado, la ausencia entre los galos de grandes dioses
universales (o al menos de nombres que los identifiquen), y por otro,
que el intercambio transcultural se concretó a nivel de los soldados y
los pobladores de menor escala social, la mayoría de los cuales no
conocía en profundidad sus propias tradiciones religiosas; esto, sumado a la falta de una tradición escrita, provoca una inevitable confusión
que difícilmente sea solucionable en el futuro.

Los dioses insulares Gaël, Brython y Welsh

Las fuentes

Si bien no se conoce a ciencia cierta la fecha exacta en que los
primeros celtas *Goidel* pasaron de Gran Bretaña a Irlanda, escindiéndose luego, por razones geográficas, en *Irish Gaël*, que ocuparon la isla
menor (Irlanda y el Ulster), y en *Scott Gaël*, quienes regresaron al
norte de la isla mayor, organizando el reino de Escocia (hoy parte del

Reino Unido, al igual que la región del Ulster, al norte de Irlanda). Los *Brython*, por su parte, procedentes del área de influencia de la cultura La Tene (centro-oeste del continente) se distribuyeron en Gran Bretaña, y fueron contenidos al sur de los Montes Grampianos por los *picts* y *Scott Gaël*. Posteriormente, los clanes *Brython* asentados en el sur de la actual Inglaterra, se fusionaron con grupos *bretones* llegados de la Bretaña armoricana, formando la rama *Welsh*, que ocupó la zona de Gales y Cornwall.

A diferencia de la continental, la religión celta insular posee varias fuentes disponibles para su estudio, tal vez por haber tenido menos influencia de cultos foráneos. Las fuentes más importantes con que se cuenta son: a) manuscritos irlandeses, galeses y escoceses que datan de la Edad Media, pero recogen datos mucho más antiguos; b) inscripciones, estelas votivas y dedicatorias grabadas; c) hagiografías (biografías de santos), en que las hazañas de los héroes paganos se atribuyen a personajes celtas posteriormente consagrados santos por el cristianismo; d) recopilaciones de tradiciones orales, realizadas por antiguos bardos y vates, ahora transformados en *filidh* y *seinchadi*, al servicio del cristianismo, y e) relatos, leyendas y fábulas transmitidas por vía oral hasta la época actual.

La relativa abundancia de estas fuentes, comparada con las continentales, se debe, sin duda, a la tenaz supervivencia de los druidas que, al ser proscritos por Tiberio y Claudio en las Galias, se refugiaron en Gran Bretaña primero y en Irlanda después, donde desaparecieron hacia la segunda mitad del siglo VI d. C, ante el avance del cristianismo, luego de abandonar Tara, la antigua capital del culto.

No obstante, es de destacar, al igual que en el continente, la falta de estatuaria y de imaginería religiosa figurativa, como así también de relaciones y registros escritos, excepto algunas inscripciones oghámicas en menhires, dólmenes y cromlech, que se siguieron erigiendo, como concesión a la tradición hasta pasada la mitad del primer milenio.

Un punto que vale la pena mencionar aquí, es que las mismas tradiciones orales que aclaran ciertos aspectos religiosos, los complican entretejiendo intrincadas tramas en que los héroes, los semidioses y los lugares geográficos se confunden con los dioses y sus moradas en el Mundo Superior.

Un ejemplo de esta característica es un voto usual en las sagas irlandesas, en las cuales el promesante efectuaba su juramento "por el dios por el que mi clan jura", sugiriendo que cada *tuatha* veneraba su propia deidad tutelar, cuyo nombre propio emanaba de un tabú ritual.

El panteón insular

A diferencia de los galos y bretones (tal vez por existir mayor información al respecto), las divinidades insulares no se mencionan en forma aislada sino, a la manera de la mitología griega, integrando grandes grupos familiares en los que se alternan dioses, semidioses, héroes y simples mortales. En consecuencia, y para mantener la coherencia de este trabajo, aquí los mencionaremos dentro de ese contexto, detallando sus atributos personales más destacados.

Los Tuatha De Danann

La Regente Suprema y Diosa Madre del panteón céltico insular era la diosa *Dana, Danu, Anna* o *Anu* para los Irish Gaël, *Donu* (Scott Gaël) y *Dôn* (Brython y Welsh); con su compañero *Bilé* (g) o *Beli* (w, b), era la Regente Suprema de los *Tuatha De Dannan* (ig), mencionados como Clanes de la Diosa Dana, en los manuscritos Goidel, e Hijos de Dôn en la literatura galesa.

Los *Danann* provienen, según la leyenda, de cuatro grandes ciudades, probablemente míticas, de las cuales no se conserva registro de la ubicación original: Falias, Murias, Gorias y Finlas, de cada una de las cuales han traído consigo un tesoro mágico. De Falias proviene la *Lia Fail*, o "Piedra del Destino", de la cual se dice que gritaba cuando se hallaba en su presencia el sucesor auténtico al trono de Irlanda.[5] De Murias procede el Caldero de Dagda, en posesión de la diosa Arianrod; de Finlas la lanza infalible, propiedad de Nuada, El de la Mano de Plata, y de Gorias la espada invencible de Lugh, El del Largo Brazo.

Dana, madre de todos los dioses y humanos de los Tuatha De Danann (Clanes de la Diosa Dana). Gobernaba la Tierra de los Muertos (el Mundo Inferior), y los druidas invocaban su protección cuando debían actuar como psicopompos

Los dioses integrantes del clan —más adelante veremos los héroes y semidioses y sus sagas— eran los siguientes:

Dana (ig), *Donu* (sg), *Dôn* (w). Madre de todos los dioses, era también la Diosa de la Luna y, como tal, gobernaba las mareas, las temporadas de pesca y las cosechas; era la patrona de los hechiceros y las augures, y se le erigieron templos atendidos por *bandruidh*, a las cuales la gente del pueblo acudía a consultar sobre su porvenir y su prosperidad. Gobernaba la Tierra de los Muertos, y los druidas debían solicitarle su permiso para guiar a las almas de los recién fallecidos a través de las puertas del *sidh*, para llegar a su morada final.

Su nombre ha trascendido vinculado a la toponimia, como en dos cimas gemelas del condado de Kerry, en Irlanda, a las que se conocía como *Da Chich Danann* (en inglés "Paps of Dana", los senos de Dana). En la tradición Welsh también se la venera, bajo el nombre de Dôn, como madre de algunos dioses y héroes, como Gwyddyon, Amaethon y Arianrhod.

A pesar de que no existen pruebas terminantes, algunos autores medievales asimilan a Dana con las diosas Morrigan (g), Rhiannon (w) y Modron (b) y, a través de esta última, con el hada Morgana de las leyendas artúricas. Otros investigadores, ya contemporáneos, asocian a la diosa Anna con una divinidad indoeuropea arcaica, conocida en la India bajo el nombre de Anna Purna (Ana la que provee). También se ha sugerido que, como deidad maternal, fuera cristianizada bajo la figura de Santa Ana, la madre de la virgen María, convertida por los católicos irlandeses en una deidad tutelar de rasgos netamente celtas.

Goibnyu (g), *Govannon*, *Gofannon* (b). Apodado "El Herrero" (el término *goibnyu* significa "maestro herrero" en goidel), es el equivalente al Vulcano/Plutón grecorromano; como integrante de una tríada que se completaba con *Luchtayne* (g) "el joyero" y *Credne* "el calderero», eran los encargados de proveer de armas mágicas a su clan y sus aliados: lanzas que siempre daban en el blanco, espadas que mataban aun con la menor herida y escudos que no podían ser traspasados por hoja alguna. Durante la fiesta de *Samhain* encabezaba un festín destinado a los dioses y guerreros de los Tuatha Dé Danann, en el cual les ofrecía, además de los "jabalíes mágicos" de Manannan, un *mead* de su propia fabricación, el cual confería la inmortalidad a quien lo bebía.

En Irlanda se lo considera el arquitecto que construyó las Torres Redondas, y el cristianismo irlandés le adjudica el diseño de las primeras iglesias cristianas consagradas a San Patricio. Era el dios consagrado por las comunidades de los herreros, los fabricantes de armas y los cerveceros, y en cada fragua se mantenía permanentemente encendido un fuego votivo en su honor. Su equivalente continental parece ser el dios *Goffrien* (luego San Gobrien), a quien los fieles acudían portando clavos y trozos de hierro que, luego de bendecidos, curaban las pústulas, orzuelos y forúnculos.

Nuada (ig), *Nudd* (w). Según la tradición *brython*, fue apodado *Argetlámh* (ig) o *Llaw Ereint* (w) (El de la Mano de Plata), por haber perdido su mano izquierda en la batalla contra los *Firbolg* en los Llanos de Mag Tuiredh (ig) o Moytura (w), que le fue reemplazada por una prótesis de plata fabricada por el dios-médico *Diancetch*.

Como divinidad, era el dios del agua, el océano, las mareas, la pesca, la navegación, la juventud; era también el patrono de las comunidades de navegantes y pescadores, y era venerado por los vates y bardos, arpistas, poetas, historiadores y hechiceros. Poseía uno de los cuatro tesoros invalorables de los *Tuatha De Danann*: la lanza infalible procedente de la ciudad de Finlas, con la cual mató al jefe *formoré* en la segunda batalla de Mag Tuiredh.

Amaethon (w). Aparece mencionado en los *Mabinogión* y el *Libro de Aneirin* como "el Dios Labrador" pero, tal vez por ser una divinidad agrícola en una cultura guerrera, la tradición no ha conservado ningún relato de sus andanzas.

Figura en bronce que representa a Taranis, el Júpiter galorromano, con sus atributos: el rayo, la rueda y la espiral

Gwyddyon (w). Es el equivalente más próximo al dios continental *Ogmios* (galo), venerado en Irlanda bajo el nombre de *Ogma* (ig), uno de los campeones de los *Tuatha Dé Danann* en la primera batalla de Mag Tuiredh.

Quizás el más reconocido de todos los hijos de Dana, es el propagador de las artes, y se lo considera el creador del alfabeto oghámico. Es evidente el paralelismo entre sus hazañas y las del Wotan (Odín) germánico, ya que en ninguna de ambas mitologías se explican sus nacimientos ni se precisa el nombre de sus padres; los dos tienen como atributo principal una rueda, pierden a sus hijos de la misma forma y convierten seres humanos en vegetales y viceversa. Esta leyenda se encuentra plasmada en el célebre poema *Cad Goddeu*, atribuido a Taliesin, en la cual se cuenta, primero, cómo Gwiddyon crea a *Blodeuwed* a partir de flores y plantas, para ofrecerla como esposa a su hijo y sobrino *Lleu Llaw Gyffes*, y más tarde metamorfosea a los bretones en árboles para permitirles luchar contra los *firbolg* en la primera batalla de Mag Tuiredh

Sin embargo, y a pesar de sus hazañas en combate, *Gwiddyon* permaneció como dios regional, ya que sólo fue bien reconocido en la región central de Irlanda, mientras que el germano/escandinavo Odín gozó de amplio renombre en toda la Europa noroccidental.

Arianrhod (w). Unica hija mujer de la diosa *Dana*, su nombre significa, literalmente, "La diosa de la Rueda de Plata", en alusión al movimiento rotatorio de las estrellas, símbolo celta del tiempo o el karma (destino). La expresión *Caer Arianrhod*, empleada asiduamente por los bardos galeses, designa a la constelación Corona Boreal, de la cual se decía era la barca que conducía a los guerreros muertos a la *Tierra de Emania* (La Luna)

Casada originalmente con *Nwyvre* (Cielo o Firmamento) mantiene, sin embargo, relaciones incestuosas con su hermano Gwyddyon, con quien tiene dos hijos: Dylan Ely Tôn(w) y Llew Llaw Gyffes (w). Por razones que la tradición no ha conservado, abandona al primero y maldice al segundo, pero Gwyddyon, con astucia, logra que su madre, Dana, contrarreste la maldición; así, Llew se convierte en uno de los héroes de las sagas de Mag Tuiredh, depositario de la espada invencible de Gorias.

Lugh (ig), *Llew* (w), *Luga*, *Lugus* (galo). Nacido incestuosamente de los amores de Arianrhod y Gwyddyon, el dios *Lugh* era conocido como *Lugus* en la Galia Transalpina, y recibía en Irish gaël el nombre *Lugh Lahm–fhûlu* (el del largo brazo), mientras que en goidel se lo denominaba *Llew Samildánach* (poseído por muchos talentos), corroborando así su asimilación por Julio César a Mercurio, su par en el panteón romano. Asimismo, su calificativo *Lahm–fhâda* lo relaciona sugestivamente con su homónimo hindú, el dios veda *Prthu-Pani*, cuyo nombre tiene la misma traducción.

Para las tradiciones insulares, Lug era el patrono de todos los artesanos y de todas las técnicas, tanto de la paz como de la guerra aunque su apariencia más difundida era la de un zapatero remendón. Es herrero, carpintero, poeta, arpista, hechicero, historiador, augur y guerrero; poseía la espada mágica de Gorias y su arco es el Arco Iris ; en la antigua Irlanda se llamaba "Camino de Lugh" a la Vía Láctea, por la cual se creía que había descendido a la Tierra para derrotar a los *formoré*. Esto demuestra la procedencia mítica de los *Tuatha De Danann* ya que cada uno de ellos era el regente o poseedor de un rasgo celeste;

así, en goidel, la Vía Láctea recibía el nombre de *Caer Gwyddyon* (El palacio de Gwyddyon) mientras que la constelación de Casiopea se denominaba en Irlanda *Llys Danann* (La corte de la diosa Dana) y la Luna era *Emain Arianrhod* (La Tierra de Arianrhod).

El nombre galo de Lugh, Lugus, ha dado origen al término galo-rromano *Lugdunum* (Fortalezas de Lugus), que luego ha derivado en nombres de ciudades, como Lyon y Laon, en Francia, Leyden, en Holanda y Leipzig, en la Sajonia alemana.

La festividad del dios Lugh, *Lughnassadh*, se festejaba el primero de agosto, como una celebración pastoril y agrícola, en la cual se tejían guirnaldas de flores y hojas, costumbre que ha sobrevivido hasta nuestros días, en algunas regiones de Irlanda, Escocia y el Ulster, bajo el nombre de *"Garland Sunday"* (Domingo de guirnaldas), que se celebra el primer domingo de agosto.

Diancecht (ig). Si bien no se le asigna parentesco alguno con los dioses principales, *Diancecht* pertenecía a los Tuatha Dé Danann, y era el patrono de la medicina en la mitología Irish Gaël. Como guerrero, participó en la batalla de Mag Tuiredh, en la que utilizó el caldero de Dagda para preparar una poción mágica que le permitía devolver la vida a los guerreros muertos.

Ayudado por *Goibnyu* y *Luchtayne* construyó e implantó la "mano de plata" de *Nuada*, que le permitió matar al jefe de los formoré en la segunda batalla de Mag Tuiredh

Los hijos de Llyr o "Los dioses marinos"

Llyr (w), *Lir* (g) o *Ler* (b). Supuesto hermano de Dana, su nombre iba usualmente acompañado del apelativo *Lediaith* (literalmente, lenguaje infantil, o media-lengua), sugiriendo a un personaje que no es proclive a hablar, sino a hacerse entender mediante hechos o acciones concretas. Por otra parte, *Lir* (g), término probablemente arcaico que designaría al Océano, lo señala como una deidad vinculada al mar, aunque no esencialmente un dios del mar, como lo eran Poseidón o Neptuno en la mitología griega y romana, respectivamente.

Godofredo de Monmouth, en su libro *Crónicas*, lo humaniza hasta asociarlo con un antiguo rey de la Gran Bretaña, *Laer*, y posteriormente Shakespeare, quizás por una interpretación personal de su historia, o por influencia de sus lecturas sobre el rey Leir de Raphael Holinshed, lo ubica en la Britania prerromana, y lo convierte en el rey Lear, cuya saga tiene una profunda raigambre folklórica y tradicionalista.

Llyr, emparentado con la diosa Dôn, aunque con vínculos aún no del todo claros, es el patrono de los pescadores y marineros, y padre de un linaje de dioses, entre los cuales se cuentan *Brön* (ig) o *Brân* (w, b) y *Manannan* (ig) o *Manawydan* (w), ambos con una mayor trascendencia que su padre, pero con diferentes personalidades según la región.

Brön (ig), *Brân* (w). Mientras que el Irish Gaël *Brön Mac Llyr* es un personaje desdibujado y de escasa trascendencia, poco afecto a las lides guerreras, *Brân Ab Llyr*,[6] de Gran Bretaña, es un guerrero temible; de estatura gigantesca, no cabe en ningún palacio ni embarcación pero su cuerpo, tendido a través de un río, sirve de puente para que sus soldados crucen sobre él; en su juventud ha vadeado caminando el *Mor Iwerddon* (Mar de Irlanda), desde el condado de Gwineth hasta el Ulster, para combatir y derrotar a un rey y sus huestes que amenazaban con invadir sus territorios.

Es músico, cantante y recita como nadie las tradiciones druídicas, por lo que se lo venera como protector de los vates y los bardos. También se lo considera el rey de las regiones infernales, en las cuales se bate por defender sus tesoros mágicos de los Tuatha Dé Danann, que intentan arrebatárselos; entre estos tesoros se cuenta un caldero mágico, que permite resucitar a los muertos, y una cítara de cuerdas entorchadas en oro, cuyo marco es el Arco Iris, y que sume a los enemigos en un estado de ensoñación, en el que pueden ser destruidos fácilmente

Herido en batalla por un dardo envenenado, ordenó a sus oficiales que le cortaran la cabeza para abreviar sus sufrimientos, y que su cuerpo fuera enterrado en una colina —probablemente la Tower Hill de Londres— con su cabeza al lado, mirando hacia el sur, para preservar a las islas de toda invasión extranjera.

Por su gran envergadura, el traslado de su cuerpo y de su cabeza demoró 87 años hasta llegar a su sepultura y durante todo ese tiempo, la cabeza cortada dirigió las operaciones de traslado. Según la tradición, el rey Arturo cometió la imprudencia de desenterrar la cabeza de Brân, permitiendo así la invasión y la ocupación sajona.

Brön Mc Llyr, en cambio, es una personalidad totalmente diferente, lo que ha hecho suponer a algunos autores que se trata de dos personajes distintos. Está representado como un marino intrépido que navega hacia occidente en busca de la Isla de Abhallenhau (véase Glosario) y el País del Más Allá. Según la tradición, en su primera singladura se le aparece un hada y lo invita a reunirse con ella en la isla de *Emain Ablach* (La tierra de las hadas), donde los frutos maduran todo el año.

El nauta accede a acompañarla, y pasa allí lo que él cree que han sido algunos meses; sin embargo, sintiendo nostalgia por su país, Irlanda, sus marineros lo instan a regresar, a lo que la Reina de las Hadas consiente, con la condición de que ninguno de ellos pise tierra firme. Así lo hacen, y es entonces cuando Brön se da cuenta de que en realidad han pasado cientos de años desde su partida, ya que uno de sus compañeros desobedece la orden de la reina y queda instantáneamente convertido en cenizas, tan pronto pisa el suelo de Irlanda.

Este relato mítico, del cual no puede evaluarse su antigüedad, fue recopilado por los primeros *filidh* convertidos al cristianismo, alrededor del siglo II d. C., bajo el nombre de *Los viajes de Maeldwin* (véase Glosario), y más tarde aún por los primeros monjes católicos irlandeses, quienes rebautizaron a Brôn con el nombre de San Brandán, y escribieron *La odisea de San Brandán en busca del Paraíso*, con una clara influencia de los relatos homéricos de los viajes de Ulises, rey de Itaca.

Manannan (ig), *Manawyddan* (w). Obviamente, ambos nombres pertenecen a un mismo personaje mitológico, cuyos nombres son epónimos del de la isla de Man, en el Mar de Irlanda, lugar de origen de *Manawydan/Manannan* y donde aún puede verse su gigantesca tumba, en las cercanías del castillo de Peel. Ambos nombres aluden a un hijo de Llyr, hermano de Brân el Bendito e integrante de los Tuatha Dé Danann, pero sus leyendas difieren bastante, según se tomen las tradiciones irlandesas o galesas, respectivamente.

Manannan McLlyr (que probablemente aparezca en las leyendas bretonas con otros nombres, y parece haber inspirado a alguno de los caballeros del Rey Arturo) es el rey de las Islas Lejanas —supuestamente las Hébridas— en que se refugiaron los Tuatha Dé Danann después de la batalla de Tayltiu, en la que fueron derrotados por los milesios. Es un mago temible; posee un casco flameante que encandila a sus enemigos, una coraza invulnerable, un manto que lo hace invisible y una nave que surca el mar sin velas ni remos. La tradición afirma que su castillo en la isla de Man estaba rodeado por un bosque de encinas, en el cual se criaban jabalíes mágicos que curaban y alimentaban a los dioses y guerreros durante los festines de inmortalidad.

Manawyddan Ab Llyr, por su parte, corre numerosas aventuras, y termina casándose con la diosa Rhyannon, viuda de Phwyll y madre de su compañero de armas, Prydery, a la que lleva a vivir a su fortaleza de Annoeth, edificada con huesos de enemigos muertos, en la península de Gower.

Morrigan, Morrigu (ig). Su nombre significa, literalmente "La Reina de los Fantasmas" y, en su papel de diosa de la guerra, se presenta con una apariencia aterradora frente a los guerreros que van a ser derrotados o a morir en batalla. En realidad, se trata de un personaje mitológico muy complejo, del cual las tradiciones irlandesas cuentan que estaba formado por tres diosas diferentes (semejante a las *matronae* galorromanas): *Macha* (Batalla), que aparecía bajo la forma de una hembra de cuervo, aunque también se la asocia con otra tríada de personajes femeninos (véase Glosario); *Nemain* (Pánico), cuyo aspecto espantoso adoptaba sólo cuando se presentaba ante los que iban a morir, y *Bobdh*, cuyo nombre deriva del goidel antiguo *bodu* = "corneja", aspecto con el que incitaba a los guerreros a la batalla.

Dagda (ig), *Dagdé* (w), *Sucellos* (galo). Tanto *Dagda* como *Dagdé* parecen ser contracciones del término goidel *dagdêvos* = "dios múltiple" o "polifacético", con que se apodaba al dios-jefe *Eochaid Ollatayr* ("Padre de todos" o "Padre poderoso"); otro apelativo del mismo personaje era *Ruadh Ro-fhessa* (Pelirrojo de la gran ciencia), lo cual demuestra claramente su omnipotencia. Es el dios de los druidas, y druida él mismo, señor de los cuatro elementos (aire, tierra, agua y fuego) y de la sabiduría, jurista y temible guerrero; como tal, condujo a los Tuatha Dé Danann a la victoria, en la segunda batalla de Mag Tuiredh, en la que vencieron a los formoré. Su *sidh* es el *Brug na Boyne* (Morada sobre el río Boyne), en el cual se encuentra el túmulo funerario de Newgrange

Dagda era, en efecto, el dios total; temible guerrero, habilísimo artesano en todas las especialidades, herrero y agricultor, es también el druida supremo, ya que posee un caldero mágico con el que puede revivir a los guerreros muertos en batalla, por lo que se le adjudica el título de "Dispensador de la Vida". En algunas regiones del Ulster, al norte de Irlanda, se lo representaba con una corta túnica con capuchón y una gigantesca maza que arrastra sobre un carro con cuatro ruedas, por lo que algunos investigadores asocian con el dios galo Sucellos, de quien se dice que mata a los hombres abatiéndolos con un lado de su mazo, y los vuelve a la vida golpeándolos con el otro. Esto lo convierte en el dios de la vida y de la muerte, totalmente versátil y caprichoso, poseedor de poderes temibles que puede utilizar positiva o negativamente, según su estado de ánimo; no obstante, la mayoría de las veces se lo encuentra representado con el caldero de la resurrección

Es uno de los dioses más importantes de la Irlanda pagana y, según algunos autores, el equivalente celta del Sucellos galo, aunque otros afirman que este último se asimila mejor con Ogma, el Dios del Mazo, asociado a su vez con el Hércules griego.

Brigantia (w), *Brigitt* (ig). Aunque, a diferencia de Morrigan no posee tres nombres, es también una diosa triple, venerada simultáneamente por los herreros (a los que protege con sus encantamientos), por los médicos (a los que asiste en los partos), y por los poetas (a quienes brinda inspiración); por sus atributos, algunos autores la asimilan con la diosa galesa *Kerryd-wenn*, poseedora del "Cetro de la Inspiración y de la Ciencia", pero es difícil asegurar esta correspondencia. Su culto culmina en la festividad de *Ymbolc*, el primero de febrero, con una fiesta de purificación pagana.

Cristianizada y luego canonizada bajo el nombre de Santa Brígida, fue la patrona de la ciudad y el monasterio doble de Kildare, localizado en la actual provincia de Leinster. Originariamente, Kildare fue un popular santuario druídico, llamado *Cill-Dara*, en el que las *bandrui* alimentaban un fuego perpetuo en honor a esta diosa.

Scatagh (ig), *Scota* (sg), *Scath* (w). Diosa del Mundo Inferior, vivía en la isla de *Yllengarth* (hoy probablemente la isla de Syke), donde enseñaba a los herreros las técnicas de la metalurgia, las artes de la guerra y, a ciertos elegidos, los hechizos necesarios para construir armas mágicas, como las espadas de Gorias y la Excalibur del Rey Arturo, la lanza infalible de Finlas, en poder de Nuada, y la coraza impenetrable y el casco llameante de Manannan McLlyr.

Scatagh es la que inicia a CuChulainn en el arte de la guerra, la magia y la sexualidad; su nombre, derivado del goidel arcaico, significa, a la vez, "destructora", "aterradora" y "protectora".

Perdurabilidad de los cultos celtas

En la gran mayoría de sus áreas de influencia, el culto o, para mayor precisión, los cultos celtas dejaron improntas muy profundas, algunas de las cuales pueden rastrearse hasta nuestros días. Las capillas, ermitas y monasterios cristianos se emplazaron sobre arcaicos santuarios druídicos o templos galorromanos; numerosas fuentes y calveros de los bosques, sagrados ayer para los celtas, son hoy lugares de peregrinaje para creyentes de muchas religiones distintas; con frecuencia puede verse, tanto en el continente como en las forestas de Irlanda, una virgen entronizada en el hueco de una añosa encina, otrora cantada por vates y bardos; hadas, silfos, ninfas, ondinas, leprechauns y korrigans custodian los árboles y manantiales y revolotean entre las ramas de los robles.

Todas estas manifestaciones son signos vivos de la supervivencia de la religión celta en el mundo actual, como lo son también las fogatas y los bailes de la Noche de San Juan, el 24 de junio (día en que San Patricio, alterando la tradición, encendió un fuego prohibido en la colina de Tara); la fiesta de *Beltayne*, el primero de mayo, que conmemora la renovación del sol y de la vida y, el primero de noviembre, la celebración de *Samain*, culto a la noche y a los muertos, hoy consagrado por la iglesia católica como el Día de Todos Los Santos.

Estas costumbres, alteradas o no, demuestran claramente que los esfuerzos por las religiones masivas, especialmente las cristianas, han sido inútiles contra tradiciones y mitos con milenios de vigencia. Ya Carlomagno, en el siglo IX, se lamentaba de que *"...aún se siguieran adorando árboles, fuentes y manantiales, y que se consultara a hechiceros y augures..."*. Hoy, a través de casi veinte siglos de historia, las religiones masivas han logrado enmascarar innumerables ritos paganos bajo la cáscara de sus propias interpretaciones, más o menos tendenciosas; sin embargo, lo único que ha logrado esa pátina evangelizadora ha sido que un panteón de santos foráneos heredara la grey adoradora de los dioses celtas, Goidel y galorromanos.

Capítulo V

Los grandes mitos celtas

Mitos y cultura

Desde un punto de vista genérico, los mitos son estudiados por la antropología actual desde dos enfoques diferentes: el primero de ellos, derivado de lo que se ha dado en llamar la corriente antropológica tradicional inglesa, considera los mitos como creaciones populares o sacerdotales, destinadas a cumplir una función explicativa, desde demostrar la necesidad de un rito en particular, hasta justificar las jerarquías, tanto humanas como divinas, siempre basándose en el acatamiento a una entidad o decisión superior.

La segunda corriente tiene como origen la teoría sociológica de Emil Durkheim, según quien *"... una religión, o cualquier sistema comparable de creencias y valores* (en este caso una mitología) *proporciona la clave para la comprensión de la relación entre el individuo, su entorno y la sociedad en que está inmerso..."*.[1] Este enfoque, como vemos, concede un mayor énfasis al mito como expresión de una necesidad social y, en consecuencia, ve la mitología de una cultura como una representación colectiva del universo según lo concibe y percibe esa misma cultura. Desde este punto de vista, más que una explicación, el mito y los rituales asociados a él, se transforman en afirmaciones de la cultura original, a través de las cuales se confirma y trasciende la unidad socio-cultural.

Cabe destacar que, dentro de estos dos enfoques, existe una tercera posición intermedia, que intenta demostrar que las formas en que el universo es articulado y dividido en mitos por una cultura determinada sirve, no sólo como explicación, sino también como símbolo de la manera en que esa cultura percibe su relación con el mundo que la rodea, y con las relaciones de los individuos entre sí, con su entorno y con el Universo.

Mitos, sagas y leyendas celtas

No parece caber duda alguna de que los sacerdotes celtas, tanto continentales como insulares, deben de haber elaborado sus propias convicciones respecto de temas tan trascendentales para la humanidad como la Creación del Mundo, el Origen del Hombre, el Movimiento de las Estrellas, etc.; sin embargo, desafortunadamente, los druidas, confinando estas informaciones al ámbito de los iniciados y prohibiendo toda especulación laica al respecto, lograron restringir en el pueblo gran parte del instinto generador y propalador de mitos; por otra parte, impidiendo las relaciones escritas de los temas sagrados intentaron que, cuando su propia orden se extinguiera, sus enseñanzas cosmogónicas perecieran con ella.

Como consecuencia de estas medidas, la literatura celta más antigua que se conoce —que son las primigenias narraciones Irish Gaël, muchas de ellas recopiladas por escritores muy posteriores— no comienza por el origen del universo, como en la mayoría de las culturas antiguas, sino por el nacimiento y evolución de su propio país, Irlanda, con algunas referencias a Escocia, el Ulster y, en menor grado, a las Islas Británicas en general.

A diferencia de lo que sucede con su historia, bastante bien documentada por las investigaciones arqueológicas, es prácticamente nulo lo que se ha recogido acerca de los mitos y leyendas de los celtas continentales prerrománicos, a excepción de algunos detalles religiosos ya mencionados, recopilados por Strabo, Julio César y Pomponius Mela.

Los Ciclos de las Sagas irlandesas

La antigua literatura Irish Gaël, tal como la conocemos actualmente, puede decirse que divide la historia mitológica de Irlanda en cuatro grandes ciclos principales; estos ciclos son, en orden cronológico: el Ciclo Mitológico o de las Invasiones; el del Ulster o de Conahar (fonéticamente, Connor) McNessa; el Ossiánico o de Finn McCumhall (Fenniano) y el de los Milesios, los Ultimos Reyes de Irlanda, aunque este último período pertenece ya a la historia escrita de Irlanda, por lo que no será tratado aquí.

Sin embargo, cabe destacar que es en esta última etapa en que recién aparece un hilo conductivo coherente con el criterio histórico, que se asemeja a una narración histórica, ya que los Milesios representan, en las leyendas irlandesas, el arquetipo de la raza celta, de la cual se supone que descienden todas las posteriores familias regentes de la Irlanda moderna.

Prescindiendo de las connotaciones mitológicas, la única evidencia escrita a partir de la cual se puede intentar una reconstrucción del pasado histórico irlandés es el *Leabhar Gabhâla* o Libro de las Invasiones, del cual trataremos más adelante.

Por otra parte, si los Hijos de Miled son considerados como el arquetipo gaélico, entonces los Tuatha De Danann son, evidentemente, dioses que han llegado para difundir la civilización sobre la Tierra. Esto parece corroborarse por el hecho de que los invasores o habitantes pre-Danann sólo son figuras indefinidas, desdibujadas en las nieblas de la tradición; sin embargo, esto presenta una interesante disyuntiva: si los Tuatha De Danann fueron efectivamente dioses, como lo afirman las leyendas; ¿fueron realmente "vencidos" por los Milesios, o simplemente dejaron su aporte civilizador y se retiraron a sus *sidhs* a contemplar cómo continuaban los hombres con su vida normal?

El Ciclo de las Invasiones

Las fuentes de información más antiguas que pueden encontrarse sobre las invasiones y conquistas que se fueron sucediendo en las Islas Británicas —y más específicamente en Irlanda— durante su historia, son las tradiciones orales, trasmitidas de boca en boca, que finalmente fueron recopiladas, a partir del siglo VI, por distintos bardos, vates, filidh, seinchadis y druidas convertidos al cristianismo por la cruzada evangelizadora de San Patricio y sus misioneros; estos dos textos son: el *Dinnshenchas* (literalmente: Historia de los Lugares) y el mencionado *Leabhar Gahbâla* (Libro de las Invasiones).

El primero de ellos, quizás el menos difundido, fue completado, al menos hasta donde se lo conoce actualmente, alrededor del siglo XIV, y constituye un relato geográfico-mitológico de Irlanda y zonas aledañas. Sin embargo, en su recopilación, y más aún en las traducciones y versiones posteriores, se advierten claramente las variantes debidas a eventuales descubrimientos geográficos y, en las últimas etapas, la influencia cristiana.

El segundo texto, más conocido, es el *Leabhar Gabhâla,* un compilado escolástico de anales, tradiciones orales y genealogías en el que se entremezclan relatos de probables hechos históricos reales con acontecimientos netamente mitológicos, ambos claramente euhemerizados[2] y cristianizados por sus recopiladores. La colección de historias fue creciendo con el paso de los siglos, hasta completarse en el siglo XVII, lo que explica la presencia de hechos mitológicos clásicos que han sido incluidos tardíamente, con la subsecuente deformación que ello representa.

El *Leabhar Gabhâla,* a través de la leyenda de Tuan McCarrell, divide el Ciclo de las Invasiones en seis etapas sucesivas: , La Llegada de Parthalan, La Invasión de los Nemeds, La Ocupación de los Firbolg, Los Tuatha De Danann, La Conquista de los Milesios y el Ciclo del Más Allá.

La Leyenda de Tuan McCarrell

El *Leabhar Gabhâla,* entre otros relatos, basa la historia del ciclo de las invasiones en la Leyenda de Tuan McCarrell, una antiquísima saga irlandesa, inicialmente registrada por McFinnen,[3] un abate irlandés que vivió a comienzos del siglo VII, y que fue posteriormente recopilada, a partir del siglo VIII, por varios monjes cristianos.

Narra la leyenda que McFinnen, acosado por una feroz tormenta, debió pedir hospitalidad en la fortaleza, cercana al monasterio, de un jefe llamado Tuan McCarrell. Ante la cordialidad de la recepción, el monje invitó al jefe pagano a visitarlo en su monasterio, cosa que McCarrell complació poco tiempo después.

Preguntado por McFinnen sobre su linaje y ascendencia, el jefe contestó:

"—Soy un hombre del Ulster. Mi nombre es Tuan, hijo de Carell, pero en una época fui llamado Tuan, hijo de Starn, hijo de Sera, y mi padre, Starn, era hermano de Partholan".

"—Cuéntanos la historia de Irlanda" —preguntó entonces McFinnen, a lo que Tuan contestó:

"—Después de la gran peste, sólo Partholan sobrevivió sobre la Tierra, y pasó muchos años enterrando a todos sus compañeros en la colina de Tallagh, y vagando por la llanura yerma y desolada, hasta que cayó en una extrema debilidad por la edad y la decrepitud."

"Al poco tiempo de esa noche de Beltayne, Nemed, hijo de Agnoman , había tomado posesión de Irlanda. Agnomán era el hermano de mi padre. Yo miraba a Nemed desde los riscos, pero me mantenía alejado de él; para ese entonces me había convertido en un anciano decrépito, de largos cabellos, que deambulaba por el páramo totalmente desnudo. Hasta que una noche me quedé dormido, y, cuando desperté en la mañana, había sido convertido en un ciervo. De nuevo me sentía joven y ligero de corazón. Así fue que me convertí en el rey de todos los ciervos de Irlanda, y en esa forma permanecí durante todos los días de Nemed y su raza."

"La gente de Nemed había zarpado hacia Irlanda desde un lejano lugar llamado Escitia, con una flota de 32 naves, que fueron destrozándose a lo largo de una singladura de más de un año y medio, hasta que sólo Nemed, acompañado por cuatro hombres y cuatro mujeres sobrevivieron al hambre, la sed y los naufragios."

"Finalmente, los nueve lograron desembarcar en Irlanda y pronto aumentaron su número hasta ser 8.060 entre hombres y mujeres; pero entonces todos ellos murieron misteriosamente."

"Una vez más la vejez volvió a asediarme —continuó Tuan— pero otra transformación me estaba esperando; una noche que estaba parado frente a la boca de mi cueva, supe que mi cuerpo había cambiado; me miré en el agua de una charca, y vi que me había convertido en un enorme jabalí, pleno de juventud y de vigor. Así me convertí en el rey de todos los rebaños de cerdos salvajes de Irlanda y volví a las tierras del Ulster, ya que la vejez y la miseria volvían a acosarme, y allí era donde las transformaciones se producían".

Ante la requisitoria de McFinnen, Tuan continuó narrando cómo, luego de la desaparición de Nemed y su raza, Semion, hijo de Stariat, y su gente se establecieron en Irlanda, procedentes "de la tierra de más allá de la tierra".[4]

"—Otra vez la vejez cayó sobre mí, y sobrevino otra transformación: me convertí en una gran águila marina, y una vez más me embargó el gozo y el vigor de la juventud."

"Pero también para Irlanda llegaba un nuevo cambio: el arribo de los Tuatha De Danann. Y luego de ellos vinieron los hijos de Miled, quienes conquistaron a los Tuatha; casi sin lucha, los hijos de Dana se retiraron al país del Más Allá, mientras que los descendientes de Miled heredaban el País de los Hombres."

"—Durante todo este tiempo, —transcribe McFinnen— Tuan había conservado su forma de águila marina, hasta que un día se encontró convertido en un salmón. Durante largos años disfrutó de su ágil y potente cuerpo dorado, hasta que fue capturado por la red de un pescador y llevado a la esposa de Carell, jefe del país."

"—La mujer tenía tantos deseos de comer pescado —narró entonces Tuan— que me devoró entero ella sola, y de esa forma pasé a su vientre, desde el cual nací convertido en quien hoy soy."

"—Sin embargo —finaliza McFinnen—, el recuerdo de sus existencias anteriores jamás lo abandonó, y sus transformaciones y toda la historia de Irlanda que pasó frente a sus ojos, aún permanece viva en su memoria, y nos la ha contado a nosotros, los monjes cristianos, para que la preservemos cuidadosamente."

Aparte de las connotaciones mitológicas, signos evidentes de un pasado shamánico en que la transformación en distintos animales era una cosa natural y perfectamente aceptada, la Leyenda de Tuan McCarell constituye un excelente resumen de los primeros siglos de la historia de Irlanda, que hoy se conocen bajo el nombre de "Ciclo de las Invasiones". Veamos ahora algunos aportes modernos que complementan la sucinta saga de McCarell.

La Reina–Maga y los Formoré

A pesar de que no figura en la Leyenda de Tuan McCarrell, otras fuentes tradicionales cuentan que, luego del Gran Diluvio Universal, la isla que llegaría a ser Irlanda estaba habitada por dos razas totalmente diferentes: los *Formoré*, gigantes cíclopes que moraban en las islas que rodeaban a Irlanda (véase Glosario) y las tribus de la reina-maga Cessair, aparentemente una reencarnación de Circe.[5]

Por razones que la tradición oral no ha conservado, Cessair pereció junto con toda su raza —probablemente a manos de los formoré—, alrededor del siglo XXVI a. C., e Irlanda permaneció deshabitada durante largo tiempo.

Tuan McCarrell en su transformación en salmón, antes de su última resurrección. Ilustración de A. Rackam para el libro de J. Stephens: Cuentos de hadas irlandeses

Respecto de la constitución física de los fomoré, no han sobrevivido muchas precisiones, pero uno de los relatos del *Leabhar Gabhâla* los describe con "diversas formas: algunos con un solo pie, un solo ojo y una sola mano, mientras que los demás poseen cabezas de animales, generalmente de cabra".

La Llegada de Partholan

Luego de muchos años de soledad, excepto excepcionales incursiones de caza de los formoré, el príncipe Partholan y su contingente de 80 parejas arribaron a Irlanda desde el oeste, desde una tierra más allá del Océano Atlántico, llamada "El País de las Hadas" o "La Tierra de la Vida".

También los recién llegados debieron luchar por el dominio de Irlanda contra los agresivos formoré, de quienes creían que eran "representantes del Averno". Finalmente, lograron expulsarlos hacia los mares del Norte, desde donde siguieron enviando eventuales hordas atacantes, aunque cada vez menos frecuentes.

Segun las tradiciones irlandesas más antiguas, *"...la Tierra era una planicie única, perforada por tres lagos y recorrida por nueve ríos, pero la Nueva Tierra, engrandecida por Partholan, contará en adelante con cuatro llanuras y siete lagos nuevos. Uno de los nuevos lagos será el Lake Rury, que se ha formado durante la construcción del barrow de Rury, el fallecido hijo de Partholan..."*. Falta aún considerar si el origen de esta saga emana de un simple mito, o si se refiere al descubrimiento de nuevos accidentes geográficos, a medida que los descendientes de Partholan, que llegaron a la cifra de 5.000 al cabo de 300 años, fueron expandiendo sus territorios.

El fin de la ocupación de Partholan en Irlanda se presentó espontáneamente cuando, en la noche de Beltayne, el primero de mayo, hallándose todos reunidos en la antigua llanura de Senmag festejando el día del tricentenario de su desembarco en la isla, fueron atacados por una extraña epidemia —se presume que de peste bubónica— que los exterminó en su totalidad.

La Invasión de los Nemeds

Los *nemeds*, como las tribus de Partholan, llegaron "desde las arcanas regiones de los muertos",[6] (según reza la tradición), y también debieron combatir contra los formoré. El mismo Nemed luchó contra ellos en cuatro oportunidades, pero luego murió repentinamente, lo que permitió a los formoré establecer una hegemonía que abarcó todo el territorio irlandés.

Durante este período, los formoré tuvieron dos reyes simultáneos: Morc y Conann, pero su fortaleza principal se encontraba fuera de Irlanda, en la isla de Tory, frente a la costa del condado de Donegal.

La férrea tiranía de los formoré expolió ferozmente a los Nemeds, quienes finalmente se rebelaron contra éllos. Liderados por tres jefes, desembarcaron en la isla de Tory, tomaron la Torre de Conann, y el mismo rey cayó bajo la espada del capitán nemed, Fergus. Sin embargo, en ese ínterin terció en la batalla el segundo rey formoré, Morc quien, con sus huestes de refresco, derrotó a los nemeds, matando a todos excepto a 30, que lograron abandonar Irlanda.

Existen dos versiones respecto a los sobrevivientes: una de ellas indica que todos ellos perecieron en el mar de Irlanda, mientras que la segunda afirma que se separaron en tres grupos: uno de ellos, comandado por el jefe Britan, se estableció en Gran Bretaña, dando su nombre al país, en tanto que los otros regresaron a Irlanda en dos oleadas sucesivas: el primero de ellos bajo el nombre *Firbolg* y, años más tarde, el segundo, como "Los hijos de la diosa Dana" o Tuatha De Danann.

La Ocupación de los Firbolg

Es muy poco lo que ha trascendido sobre la tercera invasión a Irlanda, llevada a cabo por un grupo denominado *firbolg*. Respecto de su origen, existen severas discrepancias que tal vez nunca lleguen a disiparse: una versión afirma que procedían de Bélgica y los Países Bajos, y que el grupo estaba compuesto por tres subgrupos, los *firbolg*, cuyo nombre significaría "hombres belgas", los *fin dommann* (derivado de Dummonni, uno de los clanes *brython*) y los *galloin*, término que puede interpretarse como derivado de "galos". A pesar de las diferencias raciales, los tres sectores estaban agrupados en una fracción única, bajo el nombre genérico de fir bolg, que era el contingente más numeroso.

La segunda versión indica que el nombre firbolg significa "hombres de las bolsas", y sostiene que provenían de Grecia, donde trabajaban en condiciones de esclavitud, acarreando tierra desde las fértiles praderas de la costa hasta los valles de las colinas, donde se encontraban los sembrados. Finalmente, cansados de la opresión, construyeron sus propios curraghs con las bolsas de cuero en que transportaban la tierra (de allí su nombre) y navegaron hacia Irlanda, que suponían desierta.

Finalmente, la tercera ponencia sugiere que pertenecían a uno de los grupos nemeds mencionados anteriormente que, luego de reponerse de sus pérdidas en Gran Bretaña, se unieron a otros grupos locales (tal vez los *fir dommann* y los *galloin* de la segunda versión) para reocupar Irlanda.

Sea cual fuere su procedencia, el acto más destacado de los *Firbolg* fue instaurar la figura del rey, dividiendo el territorio irlandés en cinco reinos: Ulster, Leinster, Munster, Connacht y Meath.

Los Tuatha De Danann

También existen dos versiones acerca del origen de las tribus de la diosa Dana; la primera de ellas, como vimos, los señala como uno de los tres grupos supervivientes de los nemeds, que habían permanecido largos años en "las islas del oeste" (probablemente Anglesey y Holyhead, en la bahía de Caernarvon), estudiando magia, música y, en general, todas las bellas artes; el *Leabhar Gabhâla* los describe como "*...físicamente hermosos,*

Guerreros firbolg con sus
tatuajes de combate

hábiles en la música y las artes del recitado y la oratoria; se mueven dentro de un contexto de fabulosos poderes mágicos y maravillas sin fin, que son la esencia misma de su vida. Sin embargo, eso no impide que sean maravillosos guerreros, cuyas armas mágicas les permiten vencer a cualquier enemigo, por poderoso que sea...". Esta alusión a las "armas mágicas" se refiere a los cuatro talismanes traídos por los Tuatha de sus ciudades de procedencia: la *Lia Fail* o Piedra del Destino de Falias, el Caldero de la Vida, de Murias; la Lanza Infalible, de Finlas y la Espada Invencible de Gorias.

Una segunda interpretación sugiere para los Tuatha De Danann una procedencia divina, afirmando que fueron depositados por una nube mágica en una región al norte del actual condado de Connacht; cuando la niebla se disipó, los fir bolg se encontraron, sorprendidos, con un campamento ya fortificado. Esta última versión parece corroborarse por el hecho de que los personajes de los Tuatha De Danann coinciden con los dioses principales de la religión de los celtas insulares; desafortunadamente, la información que ha trascendido sobre estas coincidencias, es insuficiente para abrir un juicio racional al respecto.

Con el arribo de la gente de Dana (y la idiosincrasia celta de ambos pueblos), la guerra era inevitable; luego de un intento de arreglo por parte de los recién llegados, que propusieron dividir Irlanda en dos territorios equivalentes, y que fue rehusado por los firbolg, se trabó la primera batalla en la llanura de Mag Tuiredh (La Llanura de los Menhires), en el condado de Mayo, provincia de Connacht, al noroeste de Irlanda.

El ejército de los fir bolg era conducido por su rey, McErc, mientras que al mando de los Dananns se encontraba Nuada, El de la Mano de Plata, llamado así a posteriori, a causa de haber perdido su mano izquierda en este combate. Sin embargo, y a pesar de que el rey Tuatha debió ser retirado de la lucha, las armas mágicas de los Tuatha, y especialmente el Caldero de la Resurrección, en poder de Dagda, le dieron la victoria, y el rey fir bolg resultó muerto en el combate; sin embargo, a pesar de la derrota, se llegó a un acuerdo razonable: los Firbolg recibían como territorio propio la provincia de Connacht, mientras que los Dannans se repartían el resto de Irlanda.

Pero la herida de Nuada traería consecuencias imprevistas, ya que, con el resultado favorable, debería haberse convertido en el rey de los Tuatha, pero ningún hombre disminuido físicamente podía ser rey en Irlanda. En consecuencia, el trono de los Tuatha fue concedido a su hijo adoptivo Bres (Hermoso), hijo natural de una mujer Tuatha, Eriu (diosa epónima de Irlanda, Erie) y Elatha (El Sabio), un ex rey formoré.

Si bien no se sabe a ciencia cierta si fue por su ascendencia, o simplemente por ineptitud, el hecho es que Bres permitió que se renovara la hegemonía formoré sobre Irlanda, agobiando a los Dannans con impuestos y tributos, a raíz de lo cual Bres debió resignar su reinado en manos de Nuada, quien pudo por fin acceder al trono, por haber sido provisto de una prótesis de plata para su mano, por el dios-médico *Diancetch*. A pesar de su traición, Bres no es castigado, sino exiliado, junto con su madre a su isla natal, que en realidad no es tal isla, sino una residencia submarina.

Para liberar a los Tuatha De Danann del yugo formoré surge entonces otro personaje mítico, que no es otro que Lugh, maestro de todas las artes, de la magia y de la guerra.

Una de las genealogías del *Leabhar Gabhâla* cuenta que Balor, rey de los formoré, alertado por una profecía druídica de que iba a ser asesinado por su propio nieto, hizo encerrar a su única hija, Ethlynn, en la *Tor Mõr* (Torre del Mar), en su castillo de la Isla de Tory. La puso a cargo de doce nodrizas, con las cuales la niña creció en cautiverio, convirtiéndose en una doncella de inefable belleza, pero privada de todo contacto con otros jóvenes de su edad. Simultáneamente, en la región del Ulster, frente a la isla de Tory, en tierras de Irlanda crecían tres hermanos, llamados Sawan, Gobyan, el herrero y Cyann, quien poseía una vaca mágica cuya leche era tan abundante que podía alimentar a todo un pueblo.

Balor codiciaba aquel animal, y un día en que Cyann había ido a la fragua de su hermano, a pedirle que forjara algunas armas para él, dejando a la vaca a cargo de su hermano, Balor se apareció ante Sawan, disfrazado de niño pelirrojo, y lo convenció de que dejara al animal bajo su cuidado; al marcharse Sawan, Balog se apoderó de la vaca, arrastrándola a través del mar a su fortaleza en la isla de Tory.

Al conocer el robo, Cyann determinó vengarse de Balor, y pidió consejo a una *bandruid*[7] llamada *Birõg*; bajo su protección, se vistió de mujer y fue transportado mágicamente a través del mar hacia la fortaleza de Balor, donde Birõg, quien lo acompañaba, pidió asilo a los guardias, alegando que eran dos pobres doncellas que escapaban de un gigante abusador. Al ser admitidas, Birõg sumió a las matronas en un sueño encantado, y cuando despertaron, Cyan y la bandrui habían desaparecido, pero no sin que Eithlynn hubiera concedido su amor a Cyann, fruto del cual nacieron, a su debido tiempo, tres hermanos gemelos.

Furioso por la burla, y atemorizado por la profecía del druida, Balor mandó ahogar a los tres infantes, pero cuando el encargado de hacerlo transportaba a los tres niños envueltos en una manta, no de dio cuenta de que uno de ellos caía al suelo, e inmediatamente fue transportado por Birõg a la casa de su padre, quien lo dio en adopción a su hermano Gobyann. Así, el niño creció en la casa del herrero, quien lo instruyó en todos los secretos del oficio y, ayudado por sus hermanos, en todas las artes y profesiones que podrían llegar a serle útiles en su vida

Aquel niño no era otro que Lugh quien, al llegar a la adolescencia, fue a solicitar un puesto en la corte del rey Nuada, el de la Mano de Plata, quien había recuperado su trono por haberse soldado la prótesis a su muñeca, gracias a las artes mágicas de *Miach*, un hijo de *Diancetch* a quien éste manda matar por celos.

—*"Vengo a ofrecerme como herrero"* —cuenta la tradición que dijo Lugh al jefe de sirvientes de Nuada.

—*"Ya tenemos un herrero* —contestó el hombre—, *y suficientes ayudantes también".*

—*"Es que también soy carpintero"* —agregó Lugh.

—*"Pues también tenemos uno"*— Y así continuó el joven nombrando todos los oficios y artes que pudo imaginar, hasta que al fin le dijo:

—*"Pues entonces ve y pregúntale al rey si tiene a su servicio a un hombre que pueda dominar todas las artes que te he mencionado, y en ese caso me iré de aquí y no trataré jamás de entrar en su castillo".*

Y así fue como Lugh logró entrar al servicio del rey Nuada, obteniendo además el sobrenombre de *Samildánach* (El que Conoce Todas las Artes). Durante la niñez y adolescencia de Lugh, sin embargo, Bres ha permanecido en su residencia submarina, conspirando contra Nuada con los formoré, quienes se comprometen a ayudarlo a echar de Irlanda a los Tuatha De Danann.

Siete años duraron los preparativos de guerra, mientras Lugh crecía y reunía ciertos artículos mágicos que Birõg le había predicho que necesitaría para vencer a los formoré: tres manzanas del Jardín del Sol, custodiado por malignos demonios del Averno; una piel de cerdo mágica, que curaba cualquier herida si se la extendía sobre ella; una lanza mágica infalible, en poder del rey de Persia; siete marranos pertenecientes al rey Asal, monarca de la región de los Pilares de Oro, que podían ser matados y comidos cada noche, para volver a encontrarlos vivos a la mañana siguiente, y un asador mágico custodiado por las ninfas marinas de la isla sumergida de Finchory, en el cual se podían asar reses inexistentes, sin necesidad de fuego.

Según una de las sagas del *Leabhar Gabhâla,* estos elementos le fueron suministrados a Lugh por Yucharba, Yuchar y Bryan, hijos de Turenn, en cumplimiento de la condena impuesta por Nuada, que los obligaba a cumplir con la pena que Lugh quisiera imponerles por haber matado a su padre Cyann, con quien tenían una deuda de sangre. El castigo de Lugh fue el de obtener los artículos mencionados, durante el cual Turenn y sus tres hijos perdieron la vida. Mientras tanto, los Tuatha De Dannan reúnen otras armas mágicas, provis-

Nuada, el de la Mano de Plata, se interpone para evitar una lucha entre Lugh y los jefes irlandeses, antes de la batalla contra los Formoré. Ilustración de E. McEntyre para el libro de B. Crossley, El libro de la Espada, 1876

tas por Goibnyu y Diancetch, quien hace surgir una fuente mágica cuya agua cura las heridas y revive a los guerreros muertos; sin embargo, espías formoré enviados por Bres la descubren y la inutilizan, llenándola de piedras malditas

Finalmente llega el momento de la segunda batalla de Mag Tuiredh,[8] que se desarrolla en la llanura de Carrowmore, al norte del actual condado de Sligo, notable por la gran cantidad de megalitos y túmulos funerarios que aún hoy pueden verse en ella.[9]

Durante la batalla, los artesanos de los Tuatha: Goban el herrero, Credné el orfebre y Luchtah, el carpintero, reparan las armas de los guerreros con mágica celeridad, mientras que los soldados heridos son curados por Diancetch con la piel de cerdo mágica aportada por Lugh.

El ojo demoníaco de Balor siega la vida de numerosos Dananns, entre ellos la de Nuada, el de la Mano de Plata, pero Lugh, con su honda mágica, se lo arranca, matándolo instantáneamente. Vencidos y desmoralizados ante la muerte de su campeón, los formoré huyen desordenadamente y son rechazados al mar; Bres cae prisionero a manos de Lugh, y la dominación de los gigantes cíclopes desaparece definitivamente de Irlanda. Lugh es coronado rey en lugar de Nuada, concretando así la primacía absoluta de las fuerzas del bien y la luz sobre la maldad y la oscuridad.

La Conquista de los Milesios

Pero la supremacía de los Tuatha De Danann iba a sufrir una rápida declinación, ya que pronto iban a ser reemplazados por los hijos de *Miled*, una raza invasora proveniente de España.

Según las genealogías del *Lebhar Gabhâla*, *Ith*, abuelo de *Miled*, mientras oteaba el horizonte desde la elevada torre que su padre *Bregon* había hecho construir a orillas del Golfo de Vizcaya, contempló la costa sur de Irlanda a la distancia, y resolvió explorar aquella tierra desconocida; para ello embarcó con noventa guerreros escogidos, y tocó tierra en la desembocadura del Kenmare, condado de Corcaigh, en el extremo sudoccidental de Irlanda.

A la llegada de Ith a la isla, y a causa de la muerte del último rey Danann, *Neit*, sus tres hijos, nietos de Dagda y también integrantes de los Tuatha De Danann, se disputaban el trono de Irlanda: McCuill, McCecht y McGrené, casados, respectivamente con Banba, Fohla y Eriu, cada una de las cuales, ante la posibilidad de que sus esposos accedieran al trono, había pedido al druida Amergyn que diera su nombre a la isla; finalmente el sacerdote-profeta concedió el honor a la última de ellas, cuyo nombre en genitivo (Erinn), ha perdurado hasta hoy como el nombre poético de Irlanda.

Asumiendo la imparcialidad de Ith, los tres postulantes al trono solicitan su intermediación sobre la herencia real, pero luego, interpretando que el recién llegado tenía sus propios designios con respecto al dominio de la isla, lo asesinaron, y el cadáver fue llevado por sus compañeros de regreso a España. Su nieto, Miled, decide tomar venganza y desembarca con sus huestes en el estuario del Boyne. Se desata entonces un sangriento combate, en el cual los tres reyes y las tres reinas, junto a la mayoría de sus guerreros, son asesinados, y los hijos de Miled —últimos invasores míticos de Irlanda— asumen la soberanía de la isla.

Sin embargo, los Tuatha De Danann no se rinden: por obra de sus poderes mágicos se retiran a un mundo intangible e invisible, al cual los humanos no tienen acceso, a menos que ellos lo permitan; Irlanda queda, de esa forma, separada en dos niveles: el espiritual, dominado por los Dananns, y el terrenal, regido por Miled y sus descendientes. En cualquier lugar donde el ojo humano sólo puede ver sidhs, barrows, cairns o reliquias de viejas fortalezas derruidas, allí se encuentran las moradas etéreas de las divinidades derrotadas; allí viven su vida de eterna felicidad, y desde allí regresan, en ocasiones, para participar en las lides amorosas o guerreras de los mortales.

El Ciclo del Más Allá

Al retirarse de la Irlanda terrena, algunos de los Tuatha De Danann se refugiaron en la *Tir Tairn'giri* (Tierra de Promisión) o *Tir na n'Ög* (Tierra de la Eterna Juventud), donde el tiempo no existe, las plantas florecen y fructifican todo el año y el mead mana de las grietas de las rocas. Los entretenimientos favoritos son los banquetes y las fiestas, y los guerreros reparten su tiempo entre combates simulados y bellas compañías femeninas.

Es curiosa la similitud entre la *Mag Mell* (Llanura de la Felicidad), como también se llama al país del Más Allá, con los *Campos Elíseos* griegos, la maravillosa *Hiperbórea* de Diodoro de Tarsus y la isla de *Abhallenhau* o *Avalón* (véase Glosario), donde reposan los reyes y los héroes galeses.

El resto de los Tuatha eligió como morada magníficos palacios subterráneos y submarinos, inaccesibles a los seres humanos, que sólo pueden percibirlos como semiderruidos sepulcros ancestrales. Fue al refugiarse en estas residencias celestiales, que los Tuatha De Danann adoptaron su nuevo nombre de *Aedh Sidhe*, o "Habitantes de los sidh", término que, como ya hemos visto, define los túmulos megalíticos y, por extensión, el mundo invisible de las hadas.

La relación de los *Aedh Sidhe* con los humanos se pone de manifiesto en las narraciones de los siguientes ciclos de la historia de Irlanda; en el de Ulster, por ejemplo, interactúan frecuentemente con los seres humanos, tanto en sus sueños como en la realidad cotidiana, y en el de Finn McCumhall participan en las batallas, luchando lado a lado con los héroes fennianos.

El Ciclo del Ulster o de Conahar McNessa

Si bien no se han conservado registros exactos de las fechas en que sé desarrollaron las acciones del llamado "Ciclo del Ulster", sí se sabe que todas ellas tuvieron lugar dentro del reinado de Conahar McNessa, por lo que deben ubicarse antes del año 33 de la Era Cristiana, fecha de la muerte del joven rey. Por otra parte, los rasgos costumbristas, vehícu-

Al ser "vencidos" por los goidel, los Tuatha se retiran al Mundo del Más Allá, un lugar paradisíaco desde donde tienen eventuales contactos con los humanos. Dibujo en tinta de un manuscrito medieval del siglo XII

los y armas de guerra, ropas, etc. tipifican el período La Tene, cuya etapa final encaja perfectamente dentro del período mencionado; esto indica también que las hazañas de CuChulainn (fonéticamente Cu-ju-linn) serían contemporáneas del advenimiento del cristianismo en Irlanda.

Sería imposible aquí pretender narrar todas las hazañas del héroe de los ulates, ya que sólo sus hechos de guerra se distribuyen en más de setenta relatos diferentes, algunos de los cuales tienen más de una versión. Por lo tanto, mencionaremos aquí las características y hazañas más relevantes del héroe celta.

Durante el reinado del joven Conahar McNessa, la doncella *Dectera*, hija de *Cathbad*, un noble de la corte, desapareció del castillo de su padre junto con otras cincuenta jóvenes vírgenes. Durante tres años no se tuvo noticias de ellas, hasta que un día de verano una bandada de pájaros descendió sobre los campos de los alrededores de Emain Macha, y comenzó a destruir los sembrados; cuando el rey Conahar y algunos de sus nobles intentaron alejarlos, los pájaros los fueron conduciendo hacia la cuenca del río Boyne, donde los hombres hallaron una mansión señorial, habitada por un hombre de espléndida figura, una bellísima mujer, su esposa y cincuenta jóvenes damas, en las que reconocieron a la desaparecida Dectera y sus compañeras, y en el joven al mismo dios Lugh, El del Largo Brazo.

Avisado el rey de la presencia de la joven, le pidió que viniera, pero ella, alegando una indisposición pasajera, solicitó permiso para acudir al día siguiente, a lo que el rey aceptó; sin embargo, al ir a buscarla al día siguiente, no sólo no encontraron a Dectera y a las otras jóvenes, sino que el palacio se había convertido en una choza, y en ella sólo vieron a un niño recién nacido: era el regalo de Dectera para el Ulster. El niño, al que bautizaron *Setanta*, fue entregado a la hermana de Dectera, *Finchoom*, para que lo criara junto a su propio hijo, *Conall*, y se le destinó como herencia una amplia zona de la planicie de Murthenney, al sur del Usna.

A los seis años de edad, Setanta se incorpora, junto a los demás hijos de nobles y guerreros, a las tropas de Conahar, para su instrucción, y a los siete mata, sin más ayuda que la de un palo de *hurling*,[10] al feroz sabueso de Culann, el jefe de los herreros del Ulster. Con ese acto adquiere el apodo de CuChulainnn (perro de Cullann), que lo acompañará hasta su muerte.

A medida que se desarrolla, el joven, a pesar de su estatura mediana y su contextura esbelta, da signos de una fuerza y una agilidad prodigiosas; poco tiempo después de la hazaña que le valió su apodo, demuestra su valor matando él solo, sin armas, a tres gigantescos guerreros que habían osado desafiar a sus compañeros de la Rama Roja del Ulster.[11]

Sin embargo, cuando enfrenta a un enemigo "...*su apariencia se transforma; su estatura aumenta, y su cuerpo tiembla y gira dentro de su propia piel, de modo que sus rasgos faciales se vuelven hacia su espalda. Sus ojos pueden ver todo lo que lo rodea, y una gota de sangre brilla en el extremo de cada uno de sus cabellos. Cuando lo embarga el frenesí del combate, ataca a quienquiera que se le acerque, ya sea amigo o enemigo"*.[12]

Al comenzar su adolescencia acude a perfeccionar sus artes marciales con la diosa-maga *Scatagh* (epónima de la isla de Skye, la más grande de las Hébridas Interiores), mencionada en las leyendas como "La Tierra de las Sombras". Un año y un día permaneció CuChulainn junto a Scatagh, quien le transmitió todos sus conocimientos de hechicería, y lo proveyó de armas invencibles y numerosos hechizos y conjuros para la guerra. Como agradecimiento a su tutora, el alumno, antes de marcharse, le demostró lo que había aprendido, derrotando a la fiera amazona *Aiffá*, enemiga de Scatagh, quien, al ser vencida, no sólo pactó una paz duradera con Scatagh, sino que se convirtió en amante de CuChulainn. Cuando éste estuvo dispuesto a regresar a su patria, sabiendo que Aiffá estaba a punto de tener un hijo suyo, le dio a la amazona un anillo, ordenándole que el niño debía ser bautizado *Comla,* y que tendría que serle enviado tan pronto como su dedo anular pudiera llenar el anillo.

Setanta mata al fiero sabueso de Cullain, el jefe de herreros. Ilustración: P. Tuohy para el libro de S. O'Grady: Las hazañas de CuChulainn

A su regreso al Ulster pone en práctica sus poderes, rescatando a la bella *Amer* (fonéticamente âiver) de las garras de su padre, el cruel hechicero *Forgall Manach,* para lo cual mata al mago y a toda la guarnición del castillo.

El Tain bó Cuailngé

Las hazañas más difundidas de CuChulainn son, sin duda alguna, los veintitrés relatos medievales conocidos genéricamente como el *Tain bó Quailngé* (literalmente: la Cacería del Toro de Cooley), que narran una sangrienta saga guerrera desencadenada contra el Ulster por los otros cuatro reinos de Irlanda (los dos Munster, Leinster y Connaught), por instigación de la reina del último de ellos, *Maedbh*[13] (fonéticamente Meev), quien desea apoderarse de un animal mágico, propiedad de los ulates: el *Donn Quailngé,* o Toro Pardo de Cooley.

Las razones de la pérfida reina son absolutamente egoístas, ya que su único interés es poseer un ejemplar comparable al de su marido Ailill, quien posee un gigantesco toro blanco llamado Finnbennach. A pesar de sus propósitos egoístas, Maedbh logra formar una coalición con los restantes reyes de Irlanda y, conocedora de cierta debilidad de sus enemigos, intenta desencadenar la guerra en un momento en que los guerreros ulates se encuentran en inferioridad de condiciones, debido a un hechizo arrojado por Macha (véase Glosario).

Veamos algunas de las partes más relevantes del *Tain bó Quailngé*, según las antiguas recopilaciones medievales, tal como las interpretara George Roth.[14]

"*...Las huestes se pusieron en marcha por la mañana, con Fergus McRoig a la cabeza, y a medida que se aproximaban a las fronteras del Ulster, el comandante les reclamaba atención, no fuera a ser que CuChulainn los atacara por sorpresa. Y no le faltaba razón, porque CuChulainn se encontraba con su padre, Sualtam, en el límite de la provincia, y al comprobar que se acercaba un gran ejército, rogó a su padre que volviera a Emania y alertara a las gentes del Ulster.*"

"*Cuando su padre hubo partido, se introdujo en el bosque y allí, parado sobre un solo pie, y usando una sola mano y un solo ojo, cortó un joven roble y lo arqueó hasta formar un aro flexible. Luego talló sobre él, en caracteres Ogham, la historia de cómo había sido construido el aro, y puso sobre las huestes de Maedbh un geis (véase Glosario), que les impedía el paso mientras no hubiera entre ellos uno que, bajo condiciones similares, pudiera hacer un aro igual 'excepto mi amigo Fergus McRoig', agregó al final y, firmando el geis con su nombre, lo colocó sobre un menhir y siguió su camino.*"

"*Así, cuando las huestes de Maedbh llegaron hasta el lugar, encontraron el geis y lo llevaron a Fergus para que lo descifrara, y como no había entre ellos nadie capaz de emular la hazaña de CuChulainn, se adentraron en el bosque para acampar durante la noche.*"

Desde un punto de vista no-céltico, quizás sea difícil entender la importancia que ellos daban a las obligaciones impuestas por un geis, capaces hasta de detener un ejército en campaña, pero quizás resulte más fácil si lo enfocamos desde el ángulo shamánico de las comunidades celtas, donde la realidad cotidiana nunca está demasiado lejos de la realidad mítica, y el límite entre ambas puede desaparecer en cualquier momento. También es interesante destacar que estos *geasa* aún suelen seguir utilizándose en algunas partes de Irlanda.

"*Una vez que los soldados se detuvieron, CuChulainn los rodeó para observar sus rastros, y así comprobó que su número alcanzaba los dieciocho triucha* cêt (triucha = 3 y cêt = 1.000: número de soldados que componen una legión), *es decir, un total de 54.000 hombres.*"

"*Antes de que terminara la noche, volvió a la cabeza del ejército y se enfrentó con una avanzada compuesta por dos carros de guerra con dos hombres cada uno, a los que mató. Luego cortó de un solo tajo de su espada una horqueta de cuatro ramas de una encina, y la clavó en el vado de un río cerca de Athgowla, por donde las tropas debían cruzar, empalando en cada una de las ramas una cabeza ensangrentada".*

"Cuando las tropas arribaron al lugar, se asombraron y aterraron ante el espectáculo de las cuatro cabezas, y Fergus declaró que se hallaban bajo un nuevo geis, y que no debían pasar el vado mientras no hubiera entre ellos uno que pudiera desclavar la horqueta del suelo de la misma forma en que había sido clavada, es decir, con las puntas de los dedos de una sola mano..."

"Los ejércitos de Maedbh devastaron las comarcas de Bregia y Murthemney, pero no pudieron continuar hacia el Ulster, ya que CuChulainn los hostigaba continuamente, matándolos de a dos y de a tres y, a medida que su furia crecía, se volcó con fuerza sobrenatural contra compañías enteras de las tropas de Connaught, matando a todos, a tal punto que, en una ocasión, cien guerreros de Maedbh murieron de terror al ver a CuChulainn en su frenesí de combate."

Viendo que sus tropas eran diezmadas sin que pudiera avanzar hacia el Ulster, Maedbh propuso a CuChulainn un acuerdo, por mediación de Fergus McRoig, por el cual el héroe lucharía cada día con un campeón diferente, y el ejército podría avanzar mientras durara el combate, pero debía acampar tan pronto como éste terminara. La estratagema de la reina dio resultado, y en el transcurso de uno de los duelos de CuChulainn con un famoso campeón, Natchrantal, Maedbh, con un tercio de su ejército, efectuó un ataque relámpago sobre el Ulster, apoderándose del Donn Quailngé, que había buscado refugio con su manada en la localidad de Slievegallion, en el condado de Armagh.

Ferdia McDaman

La guerra debería haber terminado ante la conquista del trofeo, pero Maedbh continuó enviando guerreros contra CuChulainn, hasta que le tocó el turno a *Ferdia McDaman*, antiguo amigo y discípulo del héroe ulate que, después de Fergus, era el guerrero más poderoso de Erin, pero que hasta el momento no había querido enfrentarse a su compañero de armas. Las tradiciones orales contaban así el combate:

"Muy temprano en la mañana, Ferdia condujo su carro hacia el vado, y descansó allí hasta que oyó el trueno provocado por el carro de guerra de CuChulainn aproximándose, y se levantó para enfrentarse con él a través del río. Una vez que se hubieron saludado afectuosamente, debatieron con qué armas debían comenzar el combate, y Ferdia recordó a CuChulainn una de las artes que habían aprendido de Scatha: el lanzamiento de jabalinas livianas, y acordaron comenzar con ellas".

"Durante todo el día zumbaron las jabalinas a través del río, pero al llegar el mediodía ninguna de ellas había logrado penetrar las defensas de los campeo-

nes, por lo que decidieron cambiar por lanzas más pesadas, lo que hizo que brotara la primera sangre. Finalmente, el día llegó a su fin."

—*"Terminemos por hoy —sugirió Ferdia, a lo que CuChulainn estuvo de acuerdo y ambos se abrazaron y besaron tres veces, antes de retirarse a descansar".*

"Al día siguiente, fue el turno de CuChulainn de elegir armas, y optó por las pesadas lanzas de hoja ancha para combate a corta distancia, y con ellas lucharon desde los carros, hasta que el sol se puso; el cuerpo de ambos héroes estaba surcado por las heridas, pero ambos se saludaron tan afectuosamente como el día anterior, y durmieron pacíficamente hasta la mañana".

"Y así continuaron el combate, día tras día, sin sacarse ninguna ventaja, hasta que, al comenzar el sexto día, Ferdia comprendió que el duelo debía terminar, y se armó cuidadosamente para la ocasión"

—*"Ferdia —preguntó CuChulainn cuando se encontraron—. ¿Cuáles serán nuestras armas para este día?"*

—*"Hoy la elección te corresponde —contestó su amigo."*

—*"Entonces que sean todas o cualquiera —dijo CuChulainn, a lo que Ferdia asintió, aunque sabía que eso significaba el fin de uno de los dos".*

"Hasta el mediodía lucharon sin alternativas importantes, pero finalmente el frenesí del combate embargó a CuChulainn, y su cuerpo comenzó a crecer como el de un gigante, hasta que sobrepasó a Ferdia por diez palmos; sin embargo, su misma locura lo distrajo por un instante, y su amigo logró hacerle sentir el filo de su espada, que se clavó profundamente en su carne. Ferdia continuó acosando fieramente a CuChulainn, que gritó a su cochero que le arrojara su ghalad bolg" *(véase Glosario).*

"Al oír esto, Ferdia bajó instintivamente su escudo para proteger sus piernas, pero CuChulainn, desde su estatura de gigante, logró pasar su lanza por sobre el borde del escudo, clavándola en su pecho. Al recibir la herida, Ferdia volvió a levantar su defensa, pero fue entonces cuando CuChulainn tomó con sus pies la temible ghalad bolg y la arrojó contra Ferdia, cuyo cuerpo atravesó, soltando su mortífera carga".

—*"Es suficiente —clamó Ferdia al recibir el golpe. —Esta herida me causará la muerte. Es un hecho doloroso que haya caído por tus manos, amigo mío".*

"CuChulainn, a quien el frenesí guerrero ya había abandonado, lo tomó en sus brazos antes que cayera, y lo llevó hacia el norte, a través del vado, de forma que su cuerpo descansara en las tierras del Ulster, y no del lado de los hombres de Erin. Y entonces llegaron de Emania algunos amigos de Cuchulain y lo trasladaron a Murthemney, donde sus compañeros de los Tuatha De Danann esparcieron hierbas mágicas sobre sus heridas, aunque él permaneció muchos días en un estado de estupor y tristeza infinitos".

La guerra del Tain bó Quailngé finalizó con la batalla de la Llanura de Garach, en el condado de Meath, entre las tropas irlandesas, al mando de Fergus McRoig, y los hombres del Ulster, bajo las órdenes del rey Connor, ya que CuChulainn aún no se había recuperado de su letargo. Veamos cómo narran los relatos medievales el fin de la guerra:

Fergus ataca a Connor, pero el hijo del rey, Cormac, rogó por su vida, ante lo cual McRoig se vuelve a Connall Cernatch, 'El de las Mil Victorias', uno de los mayores héroes del Ulster.

—"Te debes sentir muy valiente —lo acusa Connall— traicionando a tus compatriotas por un puñado de tierras".

"Ante la dura acusación, Fergus deja de atacar a los hombres del Ulster pero, en su desesperación, comienza a golpear con su espada los tres montes Maëla, que desde ese día tienen la cima plana, y así pueden verse todavía".

"CuChulainn, oyendo los golpes de Fergus, vuelve en sí de su estupor y, tomando sus armas, se lanza a la batalla; Fergus, quien no desea combatir contra su amigo, abandona la lucha, y con él se van los hombres de Leinster y Munster, dejando a Maedbh y sus siete hijos sin más tropas que las de Connaught. Al caer la noche, el carro de guerra de CuChulainn no es más que un puñado de tablas destrozadas, y él mismo está cubierto de sangre de la cabeza a los pies, pero las tropas enemigas ya están en franca desbandada hacia la frontera".

—"No tengo por costumbre asesinar mujeres —replica CuChulain ante el pedido de gracia de Maedbh—. Te acompañaré hasta cruzar el Shannon, por el vado de Athlone, y de allí volverás a tu tierra para devolver el Donn Quailngé".

"Sin embargo, todo sería en vano; el Toro Pardo de Cooley, al que Maedbh ha enviado a Connacht por un camino separado, se encuentra con el Toro Blanco de Ailell en los Llanos de Aei, y las dos bestias de traban en una lucha mortal. El Donn Quailngé mata de una furiosa cornada a su enemigo, pero luego rompe en una estampida desenfrenada hasta caer muerto, rugiendo y vomitando negros coágulos de sangre, en el Risco del Toro, entre el Ulster e Ivaegh."

La muerte de CuChulainn

Más allá de cualquier tratado de paz con el Ulster, Maedbh había jurado matar a CuChulainn y, en alianza con los hijos de Calatin, el hechicero que había sido asesinado por el héroe, esperan a que los hombres del Ulster hayan caído de nuevo bajo la maldición de Macha, y tienden una emboscada mágica a CuChulainn, haciéndole creer que miles de hombres armados marchan contra Murthemney.

Por todas partes cree ver CuChulainn el humo de los incendios, y durante muchos días lucha contra los fantasmas de guerreros que no existen, hasta caer rendido por el cansancio.

Los hombres del Ulster convencen a su héroe de que se retire a un valle solitario, donde será cuidado por cincuenta de las más bellas princesas del Ulster, entre ellas la esposa de su fiel amigo Connall de las Mil Victorias, pero los hijos de Calatin siguen lanzando sus hechizos, y la tierra se estremece con los lamentos de los heridos y el sonido de las trompas y cuernos de guerra.

Al no poder soportar lo que creía una matanza, CuChulainn partió a la batalla, pero en el camino fue sometido a dos *geasa* contradictorias, enviadas por los hijos de Calatin: la primera de ellas le prohibía comer carne de perro, mientras que la segunda hacía que, si incumplía la primera, perdiera sus poderes mágicos al entrar en batalla. Así, en el camino hacia Murthemney, CuChulainn encontró a un grupo de aldeanas (que no eran otras que las hechiceras de Maedbh), que lo invitaron a compartir su comida que, por supuesto, era la carne de perro que lo privaría de sus poderes al entrar en batalla.

"Durante muchos días —cuenta la leyenda— combatió CuChulainn contra sus fantasmales enemigos en la batalla que quedaría en la memoria de todos como 'La Masacre de Murthemney'. Legiones enteras cayeron bajo sus armas, hasta que, debilitado por el hechizo, una lanza disparada por su propio brazo, después de atravesar a nueve de sus enemigos, fue desviada por artes mágicas y se volvió contra él, clavándose en su pecho y derramando sus entrañas por el piso de su carro de guerra."

"—Voy a acercarme hasta la orilla de aquel lago a beber —dijo CuChulainn a sus enemigos, sabiendo que el fin estaba cerca. Ante su promesa de regresar, los soldados no se atrevieron a negarse y CuChulainn, recogiendo sus entrañas contra su pecho, se dirigió a la orilla del lago, bebió y lavó la sangre de su cuerpo, después de lo cual regresó para morir. Instantáneamente fue rodeado por las huestes enemigas, pero ninguno se atrevía a acercarse, pues aún latía la vida en sus venas, y el halo de los héroes brillaba sobre su frente".

"Pero entonces la Diosa de la Muerte, Morrigan, tomando la forma de un cuervo, vino y se posó en el hombro de CuChulainn, y esto animó a Lugaid, hijo de Curoid, a quien el héroe había matado en duelo. Lugaid se acercó al cuerpo de CuChulainn y seccionó la cabeza del cuerpo, haciendo que la espada del héroe cayera y cortara su propia mano. En venganza, Lugaid cortó asimismo la mano de CuChulainn y la llevó, junto a su cabeza, hacia Tara, donde las enterró, erigiendo un monte sobre ellas".

"Pero Connall, El de las Mil Victorias, que había salido en ayuda de CuChulainn, al cesar el embrujo de Macha, descubrió el cuerpo del héroe junto al lago, donde lo habían atado para que no cayera, y cabalgó hacia el sur, en busca de Lugaid, a quien encontró junto al río Liffey. Luego de matarlo, tomó su cabeza y regresó a Emain Macha, pero su entrada a la ciudad no fue festejada con trompetas y festines, porque CuChulainn, el Mastín del Ulster, ya no estaba más entre los vivos."

Sin embargo, a través de la estructura de los distintos relatos, las hazañas bélicas de CuChulainn y sus camaradas, Cornall Cernatch y Loegaire Buladach, permiten comprender que, a lo largo de toda la saga del Tain bó Quailngé, CuChulainn está combatiendo, más que contra la reina Maedbh, con fuerzas sobrenaturales y contra ellas, que se han sumado a la lucha, favoreciendo a uno u otro bando.

A su favor interviene, por ejemplo, Lugh, El del Largo Brazo, padre real de CuChulainn, quien cada noche, mediante un brebaje y la aplicación de hierbas mágicas, repone sus fuerzas y cura sus heridas; Morrigan, la diosa de la guerra, quien lo ayudara en sus comienzos, lo apoyara con sus hechizos e incluso le ofreciera su amor, luego, al verse rechazada vuelve hacia él su odio impotente y devorador; todos estos personajes, cerniéndose sobre los protagonistas, conforman una trama mítica que va mucho más allá de un relato bélico, histórico o mitológico.

El Ciclo de Ossián, de Finn McCumhall o fenniano

La muerte de CuChulainn, estatua de bronce de O. Sheppard, colocada en la Oficina Postal de Dublín. Fue instalada en 1916, como símbolo de los que lucharon por la independencia de Irlanda

Así como los relatos del ciclo del Ulster se mueven alrededor de las hazañas de CuChulainn y sus camaradas, el Ciclo Ossiánico lo hace acerca de los hechos de Guerra del héroe máximo del reino de Leinster, Finn McCumhall, y su hijo Ossián (fonéticamente, *Oissin*), guerrero y bardo, y autor de la mayoría de los relatos de este ciclo.

Sin embargo, las narraciones de esta etapa, que abarcan aproximadamente desde el año 170 d. C., con la batalla de Cnucha, durante el reinado de Conn Cetchatar (véase Glosario), hasta el 283, con la de Gowras, bajo el de Cormac McArt, permiten discernir una sociedad muy diferente de la del Ulster de CuChulainn; describen una vida más bucólica y serena, con cazadores nómadas buscando su presa en bosques umbríos y apacibles, y artesanos culminando sus obras en la tranquilidad de su taller. Las sagas fennianas son la síntesis viva, no de un grupo de tribus luchando entre sí, sino de una nación en busca de una organización definitiva, como así también una semblanza común a dos países de origen goidel: Irlanda y Escocia.

Los relatos de Ossián narran, básicamente, la historia de los *fianna* (plural y genitivo de *fian*, "grupo" o "banda" un cuerpo de caba-llería semiprofesional organizado, según se cree, por el rey Feradach Fechtnach (r. 15 - 86 d. C.), con el objeto de mantener el orden en la isla, y prevenirla contra toda invasión.

Durante el siglo III, al que se refieren la mayoría de los relatos ossiánicos, la orden de los *fianna* —famosa por las hazañas guerreras y cinegéticas de sus hombres— ya contaba con casi 200 oficiales y más de 4.000 soldados, cuyo accionar abarcaba toda Irlanda, con excepción del reino del Ulster.

La gran mayoría de las narraciones sobre este cuerpo se refiere a las hazañas del jefe de los *fianna* del Condado de Leinster, Finn McCumhall, cuyo renombre como matador de monstruos y mago es sólo equipara-ble a su renombre como poeta. Altivo y orgulloso, su linaje se remonta a los invasores Firbolg, con ramificaciones de los Tuatha De Danann, e incluso con Sualtam, padre adoptivo de CuChulainn. Su madre, Murna, "La del Blanco Cuello", era nieta de Nuada, El de la Mano de Plata, y su padre fue el hijo de Tremmõir, Cumhall quien, como jefe del clan Bascna, que competía con el clan Morna por el liderazgo de los *fianna*, fue vencido y asesinado en la batalla de Knock.

A la muerte de Cumhall, Murna se refugió en los bosques de Slieve Bloom, donde dio a luz a un niño, Demna, a quien entregó para su crianza a un par de ancianas, por temor a que fuera asesinado como su padre. Sin embargo, al llegar a la adolescencia, la belleza del joven, con su piel blanca y su cabello dorado, hizo que su nombre Demna fuera cambiado por Finn (el Hermoso), que lo acompañaría hasta su muerte. Ya en su madurez, Finn McCumhall toma por esposa a la bella Grainné, hija de Cormac McArt, Alto Rey de Irlanda, que lo abandona por el joven y seductor guerrero Dermott O'Dyna

Como ya se mencionó, Finn McCumhall es padre de Ossian y, por su intermedio, abuelo de Osgur, quien heredó la valentía y la astucia guerrera de Finn, además del desprendimiento, la honestidad y la corte-sía de los demás héroes fennianos, que él no parece compartir en demasía. Algunos autores, entre ellos Margaret Sullivan y Eugene O'Curry sugieren que la figura de Finn ha sido basada en un personaje histórico, pero las interpretaciones actuales tienden a considerarlo como un héroe mítico. Otros especialistas (Sean O'Connors y Lesley McFinnegan, entre ellos) identifican a Finn con el guardián de los Sidh, Gwynn ab Nudd, rey galés de las hadas y los elfos, y a su padre, Cumhall McTremmõir con el dios britorromano Cámulo (véase Glosario) y, por asociación, con el germano Himmel (Cielo).

Si bien la institución fenniana ya se encontraba severamente soca-vada por las intrigas y envidias típicamente cortesanas, la llegada a la jefatura de Finn McCumhall, con su arrogancia y prepotencia, torna insostenible la situación, hasta que la población entera de Irlanda se levanta contra ellos, y el rey Cairbré Lifechair, bisnieto de Conn, los derrota en la batalla de Gowra, en la que aquél es asesinado.

Dentro de este entorno, en parte histórico y en parte mitológico, los bardos del siglo III han entretejido un gran número de relatos prodigiosos, muchos de los cuales transcurren en países ignotos y maravillosos, protagonizados por gigantes, enanos, hadas, magos, elfos, hechiceras, ogros y animales míticos, que se alternan con los dioses de los Tuatha De Danann.

A diferencia del ciclo del Ulster, las narraciones del ciclo fenniano abundan en sagas de amor, tanto correspondidos como desdichados; el origen del mismo Oissin es un buen ejemplo de ellos. Veamos algunas de sus partes, según una traducción de Eugene Connery.[15]

"Un día, mientras Finn McCumhall y su comitiva cazaban en los bosques de su fortaleza de Allen, acompañado de sus fieles mastines Bran y Skolawn, una corza cruzó repentinamente la senda que seguían, haciendo que los perros se lanzaran en su persecución".

"Luego de varias horas de seguirla, llegaron a un hermoso valle, donde la corzuela, sin duda agotada por la carrera, se detuvo y cayó al suelo; inmediatamente los perros se lanzaron hacia ella pero, para asombro de Finn, en lugar de destrozarla, comenzaron a jugar a su alrededor, lamiendo su cara y su cuello. Extrañado, Finn dio órdenes de que nadie le hiciera daño, y todos comenzaron el regreso a la fortaleza, con la corza siguiéndolos, y los perros jugando a su alrededor mientras lo hacía. Esa misma noche, Finn despertó, sobresaltado, y vio parada al lado de su cama a la mujer más bella que jamás hubieran contemplado sus ojos".

—*"Yo soy Sadv, oh, Finn —dijo la joven— y soy la corza que perseguiste hoy. Como no quise brindarle mi amor al druida del Pueblo de las Hadas, me condenó a llevar esa forma, que soporto hace ya tres años. Pero un esclavo suyo, apiadándose de mí, me dijo que, si lograba entrar en la fortaleza de Allen, recuperaría mi forma original".*

"Y así Sadv se quedó a vivir en el castillo, como la esposa de Finn, cuyo amor era tan profundo que la guerra y la cacería ya no tenían aliciente para él, y pasó largos meses sin moverse de la fortaleza. Sin embargo, un día le llegó noticia de que los barcos de guerra de los Hombres del Norte se encontraban en la bahía de Dublín, y su deber como rey lo obligó a marchar a la batalla, al frente de sus hombres".

"Sólo siete días permaneció Finn ausente de su castillo, y a su regreso, al no encontrar a Sadv esperándolo en la explanada, y notando una expresión extraña en los rostros de sus servidores, exigió saber qué pasaba".

—*"El día antes del de ayer —contestó por fin el más antiguo de sus servidores— nos pareció veros llegar, acompañado por Bran y Skolawn, y todos nos apresuramos hacia el portal, pero en cuanto la reina Sadv lo cruzó aquel fantasma la cubrió con un halo de niebla y ¡oh! ya no había mas reina, sino sólo la figura de un ciervo; y entonces aquellos perrros comenzaron a acosarlo, y por más que se debatió, no lo dejaron regresar al portal. ¡Oh, amo! Hicimos lo que pudimos, pero a pesar de nuestros esfuerzos, Sadv se ha ido".*

"Finn apretó las manos contra su pecho y se retiró a su cámara real, sin pronunciar una palabra. A partir de ese día, dirigió los destinos de los fianna como antes, pero no cejó en su búsqueda de Sadv, recorriendo constantemente los bosques de toda Irlanda, hasta que al fin, luego de siete años, siguiendo el rastro de Ben Gulbann, en Sligo (véase Glosario), oyó que el ladrido de los perros se convertía en fieros gruñidos y, precipitándose hacia ellos, descubrió a un niño desnudo, de largos cabellos rubios, acosado por la jauría, y defendido por Bran y Skolawn".

"Los fianna alejaron a los perros, y el niño fue llevado al castillo. Según contó cuando pudo hablar, no había conocido padre ni madre, sino sólo una cierva, con quien había vivido en un hermoso valle, rodeado por los picos más altos y los abismos más profundos de la tierra. Sólo se acercaba a ellos un anciano alto, de ceño fruncido que hablaba con su madre, ora amablemente, ora amenazante, y luego se alejaba furioso cuando ella lo rechazaba. Finalmente, un día, el hombre la sujetó con un lazo de niebla y se volvió para irse, esta vez con ella siguiéndolo, pero mirándo a su hijo con ojos lastimeros, mientras él permanecía allí, incapaz de mover sus piernas para seguirla".

Inmediatamente comprendió Finn que la cierva no era otra que su amada Sadv, y el hombre el Druida del Pueblo de las Hadas, pero por más que recorrió durante largo tiempo las laderas del Ben Gulbann ningún hombre pudo darle noticias de su paradero".

"Finn adoptó al niño como su hijo, y lo llamó Oissin (literalmente: "pequeño ciervo"), quien se transformó en un guerrero famoso, cuyas artes marciales sólo eran superadas largamente por las canciones y relatos que cantaba...".

"...Años más tarde —continúa la leyenda— *mientras Oissin se encontraba cazando con su padre a orillas del Loch Lena, vieron acercarse a una joven doncella, increíblemente hermosa, que montaba en un potro blanco como la nieve".*

—*"Mi nombre es Niamh (fonéticamente, Niev), La de los Cabellos de Oro* —anunció la joven, dirigiéndose a Finn—. *Soy la hija del rey de la Tierra de la Eterna Juventud, y lo que me ha traído aquí es el amor que siehto por vuestro hijo Oissin". Luego se volvió hacia éste y le dijo, con el tono de quien está segura de obtener todo lo que pide:* —¿Vendrás conmigo, Oissin, a la tierra de mi padre?. *A lo que el aludido contestó:* —Eso haré, y hasta el fin del mundo, si fuera necesario. *Porque el hechizo había penetrado tan profundamente en su corazón, que ya no le importaba ningún acontecer terreno, sino el amor de Niamh, la Princesa de los Cabellos de Oro".*

"Luego Niamh cantó largo rato sobre la Tierra de Allende los Mares a la que había invitado a Oissin, y mientras lo hacía, una extraña serenidad cayó sobre todas las cosas, hasta que hubo llegado al fin de su relato. Una vez que su canción terminó, los fianna, absortos, vieron a Oissin montar en el potro

mágico, sosteniendo a la doncella entre sus brazos, y la joven pareja voló, como vuela un rayo de luz sobre los campos cuando las nubes cruzan frente al sol".

"Y Oissin, hijo de Finn McCumhall, jamás volvió a ser visto por ojos humanos sobre la tierra."

Sin embargo, el final de este relato parece no haber sido compartido por algunos otros compiladores, ya que otra saga narra que *"...Oissin pasó muchas aventuras durante su estancia en la Tierra de la Eterna Juventud, hasta que, luego de lo que le parecieron tres meses de haber estado allí, y saciado ya de delicias de todo tipo, comenzó a sentir añoranza por su tierra natal y por ver a sus camaradas. Habló con Niamh, le comentó sus deseos, y ésta le ofreció su potro blanco, aunque previniéndole que, cuando llegara a Erin, por ningún motivo debería desmontar de él ya que, de lo contrario, jamás podría encontrar el camino de regreso al reino de su padre".*

"El joven partió presuroso, y pronto se encontró cabalgando por la costa oeste de Irlanda; inmediatamente se dirigió a la colina de Allen, donde esperaba encontrar la fortaleza de su padre, pero sólo pudo ver allí onduladas llanuras cubiertas de hierba, tachonadas aquí y allá por pequeños bosques y arbustos".

"Un extraño horror se apoderó de él, y galopó aterrorizado a través de toda Irlanda, tratando de hallar una salida de aquel encantamiento que lo había sojuzgado. Pero cuando se hallaba cerca del Mor Iwerddon, vio a un grupo de gente trabajando arduamente para apartar una gigantesca roca que les impedía labrar sus tierras, y se aproximó para ayudarlos. Colocó su mano sobre la piedra y con un ligero empujón la arrojó rodando colina abajo, pero con tan mala suerte que la cincha de su montura se rompió, dando con su cuerpo en tierra".

"En un instante el potro mágico se había desvanecido, y el que se levantó del suelo, estremecido y vacilante, ya no era un guerrero joven, orgulloso y desafiante, sino un hombre agobiado por la vejez, con una larga y desaliñada barba blanca, que estrechaba sus manos temblorosas, gimiendo con un llanto senil".

"En un principio, la gente del pueblo huyó aterrorizada pero luego, cuando vieron que el geis no había sido lanzado contra ellos, volvieron al lugar y lo ayudaron a levantarse, preguntándole quién era y de dónde había partido el hechizo que lo aquejaba. Oissin miró a su alrededor con ojos opacos por la vejez y contestó:

—"Soy Oissin, hijo de Finn McCumhall —a lo que el capataz de aquella gente respondió: —Sin duda debes de estar loco, anciano; Finn, hijo de Cumhall, y toda su generación, han estado muertos desde hace ya más de trescientos años."

El fin de los Fianna

A la muerte de Cormac McArt, los *fianna* se habían convertido en una fuerza muy poderosa en Irlanda, sojuzgando a los restantes clanes y exigiendo pesados tributos en todo el país. Cairbry, hijo y sucesor de Cormac, decidió poner coto a sus pretensiones, y convocó a todos los reyes provinciales a dejar de pagar sus impuestos y a levantarse en armas contra los fianna. Esto renovó el antiguo pleito entre el clan Bascna y el Morna, el último de los cuales se alineó con las tropas del Alto Reino, mientras que el clan Morna, secundado por el rey de Munster, marchaban contra Cairbry.

La batalla decisiva de aquella guerra tuvo lugar en la llanura de Gowray. La matanza entre ambos bandos fue tan sangrienta que según cuentan las leyendas, después de aquel combate, en Irlanda sólo quedaban ancianos y niños.

Al cabo de varios días de lucha, los fianna habían sido prácticamente exterminados, y Cairbry, Alto rey de Irlanda y Osgur, hijo de Oissin, se trabaron en combate individual, hiriéndose mortalmente el uno al otro. Oissin llegó junto a su hijo con el tiempo justo de recibir su último aliento, y él y Keelta lo llevaron en una angarilla de lanzas para ser enterrado en el lugar donde había nacido. Según las leyendas, Oissin lloró sobre el cadáver de su hijo, cosa que sólo había sucedido una vez en su vida, cuando por accidente mató con una de sus propias flechas a su sabueso Bran.

Conclusiones

Según Georges Dottin, *"...la gran diferencia entre la religión celta y otras mitologías universales, es esa extraña institución de filósofos animistas, médicos, naturalistas, adivinos y magos que fueron los druidas. Según el Tain bó Quailngé, los habitantes del Ulster tenían prohibido hablar ante su rey, pero a su vez, el rey tenía prohibido hablar ante su druida".*

Sin embargo, si analizamos las instituciones druídicas desde el punto de vista del shamanismo, veremos que no se apartan demasiado de las comunidades shamanes más tradicionales, como podrían serlo las tribus altaicas de la Siberia septentrional, o los esquimales del Círculo Polar Artico.

"Ellos controlaban las ceremonias religiosas, administraban justicia, educaban a los jóvenes de la nobleza y dirigían los rituales mágicos y los sacrificios —agrega luego Dottin—. *Desafortunadamente, lo poco que se ha conservado hasta nuestros días de la mitología celta han sido interpretaciones, muchas de ellas caprichosas, de escritores griegos y latinos, y las narraciones fantasiosas y míticas de la alta Edad Media, posteriormente 'cristianizadas' por los monjes católicos."*

Sin embargo, es necesario un análisis muy minucioso para poder distinguir, entre todas estas escenografías, transitadas por héroes glorificados, magos, brujos y animales irreales (a veces poco creíbles), las fuerzas naturales a las que probablemente adoraran los antiguos celtas.

Los toros Donn Quailngé y Ailell luchan en el Risco del Toro.
Ilustración por Joan Kiddell–Monroe

Capítulo VI

Los idiomas celtas y su literatura

Las lenguas indoeuropeas

Los idiomas y dialectos derivados de las lenguas indoeuropeas, hablados hoy en los cinco continentes por más de la mitad de la población mundial, descienden todos de un tronco común, conocido universalmente como lenguaje protoindoeuropeo (PIEL).[1] Si bien el origen geográfico del PIEL aún es motivo de controversia, la mayoría de los lingüistas coinciden en ubicarlo en una zona que abarcaría las regiones occidentales de Europa Central y Asia Oriental.

Las nueve ramas supervivientes del PIEL son: la *indoirania*, de la cual se desprenden dos subgrupos: el *indoario* o *índico* (origen del sánscrito y el hindi), y el *iranio*, cuyas expresiones más difundidas son el persa y el pashto; el *báltico*, que incluye el lituano y el latvio; la *eslava*, una de las ramas más difundidas, que involucra, entre otros, el ruso, el polaco y el servo-croata; la *armenia*, con el armenio y el albanés; la rama *griega*, cuyo único representante actual es el griego moderno; la *celta*, cuyas manifestaciones veremos en detalle más adelante; la *itálica*, con sus dos subgrupos descendientes, el *latín* y las *lenguas romances* (actuales italiano, francés, español, portugués y rumano), y la *germánica*, hoy representada por el alemán, inglés, holandés y los idiomas escandinavos. Otras dos ramas del PIEL, hoy totalmente extinguidas, eran la *anatolia* (hitita) y la *tocaria* (etrusco y sumerio).

Los idiomas celtas

La reconstrucción del *celta arcaico* o *proto-celta* —la lengua parental que dio origen a los distintos idiomas celtas, tanto de las islas como del continente— resulta forzosamente muy aleatoria, en especial considerando que los primeros registros escritos fueron realizados siglos después de que el idioma hubiera prácticamente desaparecido; y eso sin contar con que los recopiladores debieron volcar a una forma de escritura las palabras de quienes narraban las leyendas, cuya fonética probablemente ya se encontraba bastante deteriorada por su paso a través de varias generaciones.

Según el lingüista francés Antoine Melliett, *"...los escasos registros disponibles del celta arcaico, a la luz de las investigaciones modernas, sugieren la imagen de una lengua de estructura similar al latín o al germano, es decir, que mantiene intacto gran parte de su andamiaje sintáctico original, y que no ha perdido sílabas intermedias o finales significativas"*.

Para apoyar su apreciación, el investigador acota que *"...tanto el sistema de vocales como el de consonantes difieren muy poco de las ramas del PIEL del norte, sugiriendo una evolución muy cercana a la de las lenguas eslavas y escandinavas"*.

Otros investigadores, en cambio, sugieren que los idiomas celtas pertenecen al llamado "grupo meridional" del tronco europeo del PIEL o, para expresarlo lingüísticamente, los incorporan al grupo "centum", mientras que las ramas eslava y escandinava están consideradas como integrantes del grupo "satem".[2]

De la misma forma que hemos dividido para su estudio a los dioses celtas en *continentales* e *insulares*, por razones cronológicas y geográficas, separaremos de la misma forma los idiomas emanados del antiguo celta protoindoeuropeo. Ente los *idiomas celtas continentales*, entonces, destacaremos el *bretón*, originado en las costas de Bretaña y el *galo* (separado a su vez por los especialista en *keltois* y *gálata*). Asimismo, y de acuerdo con su procedencia, dividiremos las *lenguas celtas insulares* en dos grandes grupos: las *Goidelic o Gaël*, y las *Brython o británicas*.

Las lenguas celtas continentales

Si bien el antiguo lenguaje celta desapareció del continente europeo hacia fines del siglo V, se denominan genéricamente "lenguas celtas continentales", a dos idiomas completamente diferentes por su origen y por su contemporaneidad: el *galo* y el *bretón*.

El galo

El primero de ellos fue, en realidad, un conjunto de dialectos hablado antiguamente por los pueblos mencionados en los clásicos griegos y romanos como *keltois* y *gálatas*, que entre los siglos V a. C. y V d. C. ocuparon una zona comprendida entre la Bretaña francesa y España, por el sur y el oeste, hasta la región gálata, en el actual límite entre Asia y Europa. Sin embargo, son muy pocas las manifestaciones que han sobrevivido hasta nuestros días, y la mayoría de ellas consisten en nombres de personas, tribus y lugares, cuya interpretación es, como mínimo, dudosa.

El brython o bretón

Con respecto al *bretón*, las investigaciones parecen indicar que surgió a partir de una combinación entre el *cornish*, que veremos más adelante, y las primeras etapas del francés. El diferente grado de incorporación de términos de ambas raíces produjo diferentes dialectos, a tal punto que en el año 1920 se intentó una unificación de los escritos producidos entre los siglos XV y XX, pero aún así se debió optar por dos normas: una denominada KLT, sigla tomada de los nombres bretones de las diócesis de Cornuailles, Lyon y Tréguier, cuyos dialectos coincidían en varios aspectos, entre ellos el de acentuar la penúltima sílaba e incorporar más palabras inglesas, y la otra para la zona de Vannes y la costa del Golfo de Vizcaya, cuyas palabras acentúan la última sílaba, además de compartir más términos franceses y aportes hispanos. En la actualidad, el bretón es hablado por alrededor de 45.000 personas en la Bretaña francesa y en Cornwall, Inglaterra, y se lo enseña en las universidades de Brest y Rennes.

Las lenguas celtas insulares

Se denominan así los idiomas hablados en las Islas Británicas entre los siglos V a. C. y V d. C., entre los cuales distinguiremos dos grandes grupos: el "irlandés" (gaël o goidelic, con sus principales manifestaciones: el *irish gaël*, el *scott gaël* y el *manx*) y el "británico"[(3)] (brython o brithon, representado por el *cornish*, y el *welsh*). A diferencia de los continentales, los lenguajes celtas insulares tienen su mayor fuente de información en manuscritos que datan del siglo VII en adelante, y cuentan con muy pocas inscripciones o referencias de los historiadores, algunos de los cuales jamás pisaron siquiera las Islas Británicas.

Unas de las diferencias entre los dos grupos insulares es, por ejemplo, el tratamiento del fonema indoeuropeo "k", que en el término goidelic "Mc" (fonéticamente *mac* = hijo de) contrasta con la pronunciación galesa *map*, de idéntica significación.

Estas dos ramas, conocidas como q-céltica y p-céltica, respectivamente, poseen otras diferencias significativas; el irish gaël, por ejemplo, acentúa la primera sílaba, mientras que el galés lo hace con la segunda; el scott gaël, al igual que el celta arcaico, pronuncia la palabra "cenn" (cabeza) como *sen*, mientras que el cornish la convierte en *chenn*. Como similitudes puede destacarse que ambos grupos han perdido sílabas interiores, e incluso vocales; el manx, por ejemplo, ahora prácticamente extinguido, pronunciaba como *bric'iu* la palabra indo-europea "bricaeriu" (alondra), mientras que en cornish suena como *braeriu*, aunque identifica a un animal diferente.

El grupo *gaélico*

Denominado también *goidelic*, como derivado del irlandés arcaico *goidel* (nativo de Erin), el *gaélico*[4] era el único idioma hablado en la Irlanda del siglo V, época a que se remontan los primeros registros escritos de la historia de la isla. Sin embargo, por problemas geográficos y, sobre todo, por la recalcitrante independencia de sus habitantes, el gaélico terminó escindiéndose en varias lenguas, de las cuales las que más se expandieron y perduraron fueron el *gaélico irlandés*, el *gaélico escocés* y el *manx*. Estos dos derivados surgieron como consecuencia de una serie de invasiones irlandesas a las islas vecinas, que comenzaron precisamente por aquella época. También cabe destacar que existieron dos colonias de habla gaélica en Gales,[5] pero no han trascendido detalles fonéticos ni sintácticos de su lengua, más allá de unas pocas inscripciones en menhires y estelas de arcilla.

El grupo *brython*

La isla mayor de Gran Bretaña sufrió una romanización mucho más severa que la irlandesa, lo que provocó una mayor influencia del latín sobre sus lenguas vernáculas; a nivel vocabulario, por ejemplo, la palabra *pysg* (pez, o pescado) deriva del latín *piscis*. A nivel sintaxis, el sistema de vocales perdió numerosas vocales intermedias, caso similar al de los últimos períodos del latín cuando derivó en las lenguas romances.

Fueron los monjes irlandeses los que, a fines del siglo VIII, introdujeron en los países de habla brython la costumbre de escribir su idioma vernáculo con el alfabeto latino, para lo cual adaptaron la compleja ortografía irlandesa. Al igual que el irish, los dialectos británicos comenzaron a modificarse; los casos más notables, por ejemplo, fueron la desaparición de los sustantivos declinados —aunque se mantuvo todo el sistema inflexivo en los verbos—, y la pérdida de algunas de las sílabas terminales y vocales intermedias y finales.

Las lenguas insulares contemporáneas

El *irish gaël*

La historia del idioma irlandés ha sido convencionalmente dividida en cuatro períodos: el de las *inscripciones oghámicas*, aproximadamente entre los años 300 y 500 d. C.; el *archaic irish* (irlandés arcaico, o antiguo), del 600 al 900; el *middle irish* (irlandés medio), del 900 al 1.200, y el *modern irish* (irlandés moderno), desde esa fecha hasta nuestros días.

Como hito importante, cabe destacar que el alfabeto latino no fue introducido en Irlanda sino hasta el siglo V, y pronto fue adaptado para escribir el irish gaël que, hasta ese momento, se había transmitido exclusivamente en forma oral. Hacia mediados del siglo VI, el proceso de asentar en forma escrita la rica tradición oral acumulada por bardos, vates y druidas fue tomado con gran entusiasmo, aunque con los previsibles problemas, ya que la ortografía continuaba siendo latina, pero ahora debía representar una fonética irlandesa, hecho que a menudo creaba confusiones.

Hacia fines de la etapa del irlandés medio, entre los siglos X y XII, sin embargo, la presión de la invasión normanda y de varios sínodos eclesiásticos que deseaban llevar el catolicismo irlandés más hacia la línea del europeo occidental, inspiraron en los literatos irlandeses una nueva normalización de su lenguaje. Y así, a comienzos del siglo XIII se implantaron nuevas normas —hoy conocidas como el *Irlandés Clásico Moderno*—, que durante casi cuatro siglos rigieron tanto los medios literarios irlandeses, como los de la Escocia de habla gaélica.

El scott gaël

Una de las características más notorias de los modernos dialectos scott gaël es que han preservado muchos rasgos perdidos por el irish gaël durante el período del irlandés antiguo; este arcaísmo es característico de los dialectos "coloniales".

Cuando el irlandés antiguo fue implantado en suelo británico, al norte de la isla mayor, su sistema verbal fue adaptado al lenguaje vernáculo, adquiriendo, por ejemplo, tiempos verbales futuros, del cual el original carecía; de esa forma, la frase del irlandés arcaico *téit in ben* (la mujer va) se transformó en irish gaël en *théid a bhean* (la mujer irá) y en scott gaël en *a-tá in ben oc techt* (la mujer está yendo). Esto demuestra que el scott gaël debe ser tomado como un idioma distinto, aunque las diferencias entre ambos no son mayores que las que hay entre el alemán y el suizo.

En la actualidad, el scott gaël es hablado por 80.000 personas, de los 230.000 que lo hacían a comienzos de siglo, 30.000 de ellos como idioma único.

El manx

Si bien la historia de la isla de Man no ha sido convenientemente registrada, se sabe que estuvo originalmente habitada por pueblos de habla inglesa, luego fue colonizada por Irlanda, más tarde perteneció al Condado de las Islas del reino de Escandinavia para, finalmente, ser cedida a Escocia por el rey de Noruega, junto con las Hébridas, en 1266.

Aunque el *manx* permaneció como dialecto de la mayoría de la población durante todos estos cambios, esto no pareció propiciar los intercambios literarios con Irlanda, y no tuvo escritura propia hasta 1610, lo que lo hace muy interesante para los especialistas, que lo consideran un dialecto del irlandés antiguo libre de toda influencia literaria. A pesar de ello, tiene grandes diferencias con el *old irish* original, especialmente las consonantes intervocales y la inclusión de muchas palabras del noruego.

Hasta el siglo XVIII, muy pocos habitantes de Man comprendían el inglés, pero durante el siglo XIX la declinación del manx fue rápida, y el censo de 1901 detectó sólo 4.419 personas que lo hablaban, todos bilingües, por lo que se lo consideró extinguido.[6]

Welsh y cornish

El *welsh*, o *galés*, es el más antiguo y el mejor conocido de los idiomas del grupo británico, y ha podido ser rastreado hasta el siglo VIII, época en que se estima su separación del tronco celta arcaico. Es hablado por aproximadamente 650.000 personas en el principado de Gales,[7] y se calcula que alrededor de otras 50.000 en otras colonias galesas en el extranjero, como las de Gayman y Trewellyn, en la provincia del Chubut, Argentina.

Se lo divide, al igual que el irlandés, en tres períodos *old, middle* y *modern welsh* (galés antiguo, medio y moderno), y sus principal diferencia con aquél es la simplificación del sistema verbal, producida durante el período medio, aunque en textos más antiguos, como las cuatro ramas del *Mabinogi,* pueden encontrarse marcadas similitudes con el irlandés arcaico.

Hacia el siglo XIV los estilos de prosa y poesía se aproximaron, haciéndose el primero de ellos menos coloquial, y la poesía menos arcaica; esto marcó el comienzo del galés literario moderno, cuyas normas se fijaron definitivamente con la traducción de la Biblia, en 1588.

El *cornish,* por su parte, al igual que el bretón, con el que tiene algunas similitudes, no ha creado textos literarios hasta el siglo XV. La estructura lingüística del cornish está mucho más cerca del bretón que del welsh, pero también ha sido severamente influido por el inglés. Hasta mediados del siglo XVIII aún había lugares donde se lo utilizaba cotidianamente, pero se lo considera extinguido desde fines del mismo siglo.

El alfabeto Ogham

Si bien fue utilizado principalmente en las Galias, ya las leyendas en celta arcaico hablan de "un alfabeto sagrado, conocido sólo por los druidas", que muy bien pudo ser el Ogham, el cual figura asimismo en muchos menhires y dólmenes irlandeses y escoceses.

Denominado también Ogam u Occam, se lo atribuye a Ogmios, el dios galo de la elocuencia y la oratoria, y se lo utilizaba fundamentalmente en los ritos religiosos y los *geis* o hechizos (véase Glosario). El Ogham (fonéticamente Owam) fue utilizado hasta el siglo VIII, en que lograron erradicarlo los monjes católicos, quienes lo combatieron ferozmente.

La literatura celta

Para una mejor comprensión de las distintas manifestaciones de la literatura celta, la dividiremos en tres grupos principales, según su lengua de origen: la poesía gaélica, o irlandesa, los cuentos galeses del Mabinogión, y la literatura brython o bretona, cuyo máximo exponente es la leyenda del Rey Arturo y sus Caballeros de la Mesa Redonda.

Sin embargo, es preciso reiterar que todos estos relatos anteceden largamente a sus versiones escritas, que son todas recopilaciones posteriores, la mayoría de ellas realizadas por monjes católicos o druidas convertidos. Previo a esa recopilación, las epopeyas y las sagas eran transmitidas por los bardos y filidh en forma oral, de generación en generación y en forma rimada, para que resultara más difícil desvirtuar la versión original.

La poesía irlandesa

La literatura gaélica puede subdividirse en dos grandes ciclos, cuyos rasgos más destacados ya hemos analizado en el Capítulo V, como parte de los grandes mitos celtas: el Ciclo del Ulster o la Saga de CuChulainn, y el Ciclo Ossiánico o de Finn McCumhall, su padre. El primero de estos ciclos, que incluye el conocido *Tain bó Quailngé* y la vida de CuChulainn, y transcurre en el norte de Irlanda, fue escrito en irlandés arcaico, y su trama heroica y épica demuestra ser el producto de una casta aristocrática. El ciclo ossiánico, en cambio, escrito en su mayor parte por Oissin, se refiere a las conquistas de su padre y los fianna del sur de Irlanda; está narrado en irlandés medio y moderno y la trama, de carácter mucho más romántico y narrativo, muestra el sello de una clase inferior.

Podemos completar esta vista panorámica de la literatura gaël incluyendo el Ciclo Mitológico, que relata el origen y accionar de los dioses y diosas del panteón celta que ya vimos en el Capítulo IV, y el Ciclo Histórico, que trata de figuras netamente históricas, viajes reales y fantásticos como *Las travesías de Maeldunn*, sagas como *Las aventuras de Bran, hijo de Febal* y quimeras como *La visión de Adamnan*.

Los Mabinogión galeses

Dado que aún no existe un acuerdo definitivo sobre el significado de la palabra *Mabinogi*, o su plural *Mabinogión*, adoptaremos el criterio propuesto por J. Loth, quien afirma que *"la palabra mabinog no figura en los numerosos y variados textos en galés que he consultado. Figura, en cambio, una frase que se encuentra al comienzo del primer relato de cada una de las cuatro ramas: 'He aquí el primer mabinogi de la primera (segunda, tercera o cuarta) rama'. Esto demostraría que el mabinogi es un relato aprendido por el mabinog o bardo, cuyo conjunto integraría el Mabinogión"*.[8]

El cuerpo principal de los Mabinogión está integrado por cuatro ramas, tituladas *Pwyll, Branwen, Mannawyddan* y *Math,* respectivamente, más el *Libro rojo de Hergest* y el *Libro Blanco de Rydderch.*

Estos romances varían sensiblemente en estilo y en coherencia; *Peredur,* por ejemplo, perteneciente a la última rama, parece haber pasado por varias manos, con cierto dejo de humor antológico en ciertos pasajes, y ciertos toques más modernos en otros, que demuestran el paso de cierto tiempo en su redacción. Entre los nombres que se barajan como autores de estos cuentos figuran los bardos Gildes, Taliesin y Aneurin, del siglo VI (este último fue, aparentemente, el autor del más antiguo poema galés conocido, *Gododdyn*). También se le acreditan algunas obras a Meilyr y su hijo Gwalchmaihid, ya en el siglo XII, aunque éstos sólo se consideran recopiladores.

La literatura bretona

Nacida como una rica tradición oral en el siglo VI, la literatura bretona, originaria de la península francesa de Bretaña, influyó fuertemente en los posteriores autores medievales europeos de los siglos XII al XIV. Sus primeros trabajos se relacionan fundamentalmente con hagiografías, a menudos dramatizadas, como el más antiguo de ellos, *La vida de St. Nonn*, que data del siglo XV. Otros temas significativos fueron los dramas seculares, como *La tragedia de los cuatro hijos de Aymonn*, del siglo XVIII, la *Gramática y Catecismo* de Julien Maunoir's y las *Poesías Líricas* de Prosper Proux, ya en el siglo XVII.

Sin embargo, el exponente más importante de la literatura bretona ha sido siempre la saga de *Los Caballeros del Rey Arturo* y otros poemas relacionados, como *Los idilios del Rey*, 12 poemas en versos libres, compuestos por Lord Alfred Tennyson entre los años 1859 y 1885. La fuente principal de estos poemas fue *La morte dÁrthur* (La muerte de Arturo), de Sir Thomas Mallory (1469-70), y fueron dedicados al Príncipe Alberto, con un epílogo dirigido a la Reina Victoria.

El Rey Arturo y los Caballeros de la Tabla Redonda

Si bien el rey Arturo pudo tener un antecedente histórico como comandante o capitán de un desconocido reino bretón, nace a la popularidad como la creación de Godofredo de Monmouth,[8] un ignoto clérigo de origen incierto, de quien lo único que se sabe a ciencia cierta es que dio clases en Oxford entre 1129 y 1151. Dentro de ese período escribió un tratado capciosamente titulado *Historia Regum Britanniae* (Historia Real de Britania), que se transformó en uno de los libros más importantes de la Edad Media europea.

Según Monmouth, a principios del siglo V, Britania, liberada del Imperio Romano, cae en poder de Vortigern, un inescrupuloso monarca que cierra con Hengist y Horsa, dos hermanos sajones, un pacto nefasto por el cual autoriza a todos los soldados sajones que lo deseen, a establecerse en Britania como "tropas auxiliares". Como era previsible, los sajones se apoderan de Britania y Vortigern debe huir a Gales, donde conoce a un joven vidente llamado Myrddyn (Merlín, véase Glosario), quien augura que llegará un príncipe que liberará a Britania, pero que antes Vortigern será asesinado.

Como lo indicara el vaticinio, Uther Pendragón (Gran Caudillo), quien sigue manteniendo estrechos contactos con Merlín, logra una victoria parcial contra los sajones y se establece en el trono, aunque no en forma definitiva. Pero durante un banquete de Pascua, en Londres, Uther conoce a Igerna, esposa del duque de Gorlois, y se enamora perdidamente de ella; ayudado por las artes mágicas de Merlín, quien lo convierte en un doble del duque, Uther penetra en su castillo de Tintagel, pasa la noche con Igenia y conciben a Arturo, quien será en definitiva el salvador de Britania que Merlín había profetizado.

A pesar de su ascendencia real, el acceso de Arturo al trono de Britania asume caracteres mágicos, ya que debe confirmar su derecho real arrancando una espada (Excalibur) de un gran yunque apoyado sobre una roca, donde había sido mágicamente implantada por Merlín, y que sólo el verdadero rey podría arrancar.

El castillo de Camelot y la Mesa Redonda

A pesar de las deformaciones incorporadas por versiones antojadizas, el castillo de Camelot no era, como suele decirse, la sede del trono de Britania, sino el cuartel general de Arturo y sus Caballeros, y la Mesa Redonda no existió en realidad sino hasta la adaptación francesa de la *Historia Regum Britanniae,* escrita por Wace en 1155. Según él, Merlín la construyó para Leodegan, un gobernante belga, padre de Ginebra, quien la aportó como dote en su matrimonio con Arturo. Wace interpreta también la redondez de la tabla como un símbolo de la esfericidad del universo, mencionando al pasar que la ubicación de los caballeros alrededor de una mesa redonda los igualaba automáticamente en rango, al no existir una cabecera definida.

La obra de Monmouth es la que establece la orden de caballería del rey Arturo (por otra parte, una organización usual en la época medieval), y prepara el camino para la llegada de Sir Lancelot, un personaje clave en la corte artúrica, pero que no surgiría sino hasta ser incorporado por Chrétien de Troyes.

Confirmación mágica de la realeza de Arturo. En un yunque apoyado sobre una gran roca, Merlín ha clavado la espada Excalibur, que sólo el legítimo rey de Britania podría arrancar.
En algunas versiones se la considera como una prueba de la aprobación de Dios hacia el nuevo gobernante (Ilustración de un manuscrito francés del siglo XV)

El amor en la corte de Camelot

La corte del rey Arturo es escenario de varias historias de amor pero, obviamente, el triángulo amoroso Ginebra-Arturo-Lancelot es el más difundido y el más complejo. Para Richard Harris, intérprete del papel del rey en la película "Camelot", "...*Arturo es el único esposo en la literatura, cuya esposa le es infiel sin desmedro de su imagen como hombre. Quizás se deba a que las reinas celtas eran tan libres e independientes como el mismo rey, y podían luchar y comandar ejércitos como él; quizás esto se extendiera al hecho de poder tener amantes, como los reyes tenían concubinas...*".

Esto concuerda con el aspecto mitológico que algunos autores han creído descubrir en Ginebra, quienes sugieren que podría tener una relación especial con una diosa, a la que incluso podría encarnar; esta teoría se apoya en el hecho de que el nombre Guinevere proviene del galés *Gwenhwyfar*, que significa "hada blanca".

La mejor representación medieval de los amores de Lancelot y Ginebra se encuentra, sin duda, en *La mort d'Arthur*, donde el caballero atraviesa distintas etapas, desde un amor platónico y respetuoso al principio, pero sus sentimientos se hacen más y más intensos, hasta llegar a una etapa en que el más mínimo rechazo de la reina lo trastorna profundamente.

La desaparición de Arturo

Mordret, sobrino e hijo incestuoso de Arturo, apoyándose en la inestabilidad del matrimonio real, comenzó a desarrollar su plan para apoderarse del trono. Alentado por el alejamiento de Lancelot, que había marchado a Francia, y a quien Arturo había seguido, en un intento por hacerlo entrar en razón, Mordret, que había quedado al frente del país en su ausencia, proclama que el rey ha muerto y se corona a sí mismo.

Batalla de Camlann, Ilustración de un manuscrito frances del siglo XV

Pero Arturo regresa, y al frente de sus leales enfrenta a Mordret en la batalla de Camlann; ambos líderes se traban en combate individual y Arturo mata a Mordret, pero es herido de muerte por él.

En ese momento se aproxima a la costa una embarcación en la que, según Monmouth "...*se halla el hada Morgana, quien llevará a Arturo a la isla de Avalón, en la que descansará hasta que sea el momento de recobrar su Excalibur —que había sido arrojada a un lago— y su reinado...*".

Notas

Algunos conceptos previos

(1) *Diógenes Apolonius* (c. siglo III a. C.). Historiador y filósofo griego, maestro y tutor de Pericles, cuya influencia sobre los trabajos de Aristóteles y Cicerón hizo que no pocas de sus sentencias se conservaran para la posteridad.

(2) *Posidonius* (c.135/51 a. C.). Filósofo e historiador griego, miembro de la Escuela Estoica, entre cuyos alumnos se encontraba el joven Cicerón; enseñó en Roma y Rodas, destacándose por sus escritos sobre las ciencias naturales y la historia antigua, la mayoría de los cuales se perdieron en el incendio de la Biblioteca de Alejandría. Los trabajos de Posidonius sobreviven sólo en fragmentos citados por autores posteriores, como Strabus y Diodorus.

(3) *Diógenes Laertius.* Nacido alrededor de la primera mitad del siglo III a. C., en Laercio, Cilicia, fue un escritor prolífico, especializándose en la historia de Grecia y de su filosofía, como así también de las tribus y etnias que habitaron la Europa central durante los siglos anteriores.

(4) *Dionisio de Halicarnaso* (c. 30/7 a. C.). Retórico griego destacado por su obra *Antigüedades romanas,* una historia de Roma desde su fundación hasta las Guerras Púnicas, integrada originalmente por 20 volúmenes, de los cuales sólo los primeros 9 se han conservado intactos. Los primeros 5 de ellos incluyen un exhaustivo trabajo sobre las tribus que poblaron y asolaron a Europa entre el siglo VII a. C. y la expansión del Imperio Romano, que acabó con la mayoría de ellas.

(5) La *Cultura Urnfield,* ubicada cronológicamente desde el segundo milenio hasta el siglo X a. C. , define a una etapa tardía de la Edad de Bronce europea caracterizada, entre otros rasgos, por la cremación ritual de los muertos y la posterior exhumación de las cenizas en urnas funerarias. El nombre Urnfield proviene de la región de Europa oriental donde se descubrieron los primeros cementerios con esas características.

(6) La *Cultura La Tene* corresponde al segundo período de la Edad de Hierro europea, inmediatamente posterior al período Hallstatt, recibe su nombre de un pequeño pueblo suizo, a orillas del lago Neuchâtel, donde se desenterraron los primeros restos, y se la sitúa aproximadamente entre el siglo V y el I a. C.

(7) El *Período Hallstatt,* primer período de la Edad de Hierro europea, que sucedió a la cultura Urnfield, abarca aproximadamente desde el siglo X hasta el V a.C, y recibe su nombre en reconocimiento a una pequeña ciudad de Austria, en la región de Salzkammergut, donde los primeros restos de esta cultura fueron reconocidos por los arqueólogos.

(8) Conocido como *Hecateus de Mileto* por haber nacido en la ciudad homónima de la antigua Anatolia griega, escribió casi exclusivamente tratados sobre geografía, y las veces que incursionó en la historia, se limitó a enumerar eventos cuasi míticos de los tiempos heroicos, de los que prácticamente no se conocen otras fuentes de información.

(9) *Grolliers CD Rom Encyclopedia,* California, USA, 1996.

(10) Para mayores datos, véase *¿Qué es el shamanismo? Pasado y presente,* de R. C. Rosaspini Reynolds, volumen 27 de la colección "Terapias y medicinas alternati-

vas", Ediciones Continente, Buenos Aires, 1997.

[11] Si bien la mayoría de los autores traducen el término *daur* como "roble" *(Quercus robur)*, es más probable que se trate de la variedad *Quercus pedunculata*, que al español se traduce como "encina".

[12] El término inglés *mistletoe* define al *Viscum album*, un musgo de la familia de las Loranthaceas, característico de los robles, de los que vive en forma parasitaria. La cultura celta, que lo consideraba con poderes mágicos y medicinales, dio origen a la costumbre de utilizarlo como decoración para las fiestas navideñas, aunque en la actualidad se utilizan otras plantas bajo el nombre de muérdago, principalmente arbustos del género *Phoradendrum*.

[13] BOULDING, Elise, *The Underside of History*, Boulder Press, Colorado, USA, 1976.

[14] Se denominan *estelas* a ciertas plaquetas de piedra o arcilla en las que se grababan inscripciones o se narraban hechos importantes, para que los viajeros y marinos los llevaran en sus viajes, como una forma de transmitir información, que a menudo era vendida por los portadores.

[15] En este trabajo utilizaremos el término "Islas Británicas", aunque, desde el punto de vista político, la denominación es obsoleta desde el año 1921, en que Irlanda se declaró independiente y, en forma definitiva, desde 1949, en que decidió su retiro del Commonwealth.

[16] A lo largo de todo este trabajo, hemos preferido mantener en su versión inglesa los términos que provienen de las lenguas celtas primigenias, ya que son las versiones fonéticas que más se acercan a los originales, y al ser traducidos pierden gran parte de su significado.

Capítulo I – En los albores de la humanidad

[1] Cabe destacar que el método del Carbono 14 sólo puede emplearse en restos orgánicos, animales o vegetales, que, desafortunadamente, son los primeros en deteriorarse con el paso del tiempo. También se lo utiliza en rocas y minerales, pero sus resultados son mucho menos confiables.

[2] La utilización del sufijo griego *proto* indica precesión (antes de), y su empleo por algunos autores obedece al hecho de que la cultura celta propiamente dicha no se afirmó definitivamente hasta el siglo VI a. C., como veremos más adelante. Por lo tanto, si bien en este capítulo emplearemos ambos términos indistintamente, queda aclarado que toda manifestación anterior al siglo VI a. C., ocurrida en la zona de influencia céltica, es predecesora de esa cultura.

[3] Posteriormente, en 1835, Sir Roderick Murchison emplearía el nombre de este clan para bautizar al tercer período de la era Primaria o Paleozoica, dado que la ubicación de los yacimientos de esquistos, pizarras, areniscas y piedras calizas que caracterizan a esa era geológica, coincidía geográficamente (aunque no cronológicamente) con los monumentos funerarios de estas tribus primitivas.

[4] En este trabajo se ha optado por utilizar el término *Islas Británicas* en lugar de *Gran Bretaña*, para evitar confusiones con la *Bretaña francesa*, o *Bretaña armoricana*, territorio situado en el norte de Francia, en el macizo homónimo.

[5] Del griego *mega* = grande, y *lithos* = piedra.

[6] El término *henge* surgió hace relativamente poco tiempo, como una derivación del nombre de *Stonehenge*, el megalito más grande de Europa, para definir a todos los monumentos neolíticos similares a éste en su conformación y construcción.

[7] Del griego *eneos* = bronce (poét.) y *lithos* = piedra; define a la Edad de Bronce como sucesión del *neolítico* , especialmente en sus comienzos.

[8] La región de Dartmoor es una altiplanicie de alrededor de 950 km² situada al sur del

condado de Devon, en Inglaterra, con una altura de 620 m sobre el nivel del mar. Constituye un extenso páramo desértico, cubierto de grandes peñascos, afloramientos graníticos y yacimientos de turba, en el centro del cual se encuentra la foresta del Dartmoor National Park, un bosque de robles enanos, único en el mundo por la cantidad de ejemplares de esa especie.

[9] GLYN, Daniel, *Megalith Builders of Western Europe* (Constructores megalíticos de Europa occidental), Royal Archaeology Society Bulletin, Londres, 1985.

[10] Se conoce como "cultura Beaker" a un grupo de comunidades al que se atribuye difusión de la metalurgia del cobre en el noroeste de Europa, durante el tercer milenio a. C. El nombre proviene de su producto más característico: una jarra (en inglés *beaker)*, decorada con franjas o líneas estriadas en la superficie de la arcilla.

[11] SAMSOUR, R. F., *Kelten in Mitteleurope*, Droemersche Verlagsansatalt, Munich, Alemania, 1987

[12] Del griego *protos* = anterior, primero.

[13] Del griego *tetra* = cuatro y *lithos* = piedra; dólmenes compuestos por cuatro menhires que sostienen una única losa horizontal.

[14] Del griego *tri* = tres y *lithos* = piedra; dólmenes en los cuales tres menhires soportan la losa superior.

[15] Se conoce como *Período Chalcolítico* la primera subdivisión de la Edad de Bronce, en que todavía no se utilizaban las aleaciones para endurecer el cobre.

[16] Movimiento cultural anterior a la cultura Beaker, que abarcó la región entre el río Rin y Bélgica, destacada por sus emplazamientos rodeados por profundos fosos de contención.

[17] Nombre de una subcultura centroeuropea, derivado de un emplazamiento arqueológico situado en la región homónima de Checoslovaquia.

[18] Del inglés *hill* = colina y *fort*, abreviatura de fortificación o fuerte.

[19] *Eufronius* (562-505 a. C.). Pintor y ornamentista griego, nacido en el Atica (Atenas), especializado en la pintura de grandes vasos y urnas; su trabajo se caracteriza por sus figuras humanas, en estilo *black–figure*, dibujadas en poses complejas y con vívidas expresiones faciales.

[20] El término *krater*, de origen alemán, designa un tipo de urna funeraria en forma de copa o cáliz, de arcilla, terracota o metal (estos últimos generalmente repujados), en que se inhumaban los cadáveres cremados. El estilo de decoración más elaborado de estas piezas fue el identificado con el término inglés *black–figure*, que consiste en siluetas oscuras pintadas sobre fondo claro, a las cuales se les incluían luego detalles, raspándolas con un instrumento agudo. Los pintores más representativos del estilo fueron *Cleitias* (a quien se le atribuyen los primeros *krateres*), *Eufronius* y *Exekias*, considerado el mejor pintor de este estilo.

[21] El nombre La Tene proviene del primer sitio arqueológico reconocido de esta cultura, que fue descubierto en un pueblo próximo al lago Neuchâtel, al noreste de Suiza, cerca de la frontera con Francia.

[22] Conocido en la Edad Media en España como "garrote vil", utilizado para ejecutar a ladrones y asesinos, el método consiste en rodear el cuello del reo con una correa de cuero crudo, y luego retorcerla con un palo, como un torniquete, hasta que perezca por asfixia.

[23] CARNEY, James y GREENE, David, *Celtic Studies*, Routlege y Kegan, Londres, Inglaterra, 1983.

Capítulo II – La Era Cristiana

[1] *Flavio Biondo,* naturalista e historiador italiano, nacido en Padova en el año 1517 y fallecido en Roma, donde se había establecido de pequeño, en 1582.

[2] *Universelle Geschichte der Menschheit* (Historia universal de la humanidad), texto del cual no ha trascendido la autoría.

[3] Cabe destacar la disidencia con Flavio Biondo quien, en 1559, había tomado como hito divisorio el saqueo de Roma por los visigodos, al mando de Alarico. La fecha finalmente adoptada fue la propuesta por el texto alemán del siglo XVI.

[4] Se traduce como "gótico flameante" el término *gotique flamboyant* con que se identifica el último período del arte y la arquitectura góticos. Comenzó durante el reinado de Carlos I de Francia (1364-1380) y se extendió hasta el 1540, renovando principalmente la arquitectura, tanto religiosa como secular, luego de un siglo de estancamiento.

[5] El término *Bretaña* implica dos acepciones: como Gran Bretaña (en inglés *Britain*) incluye a los países de las Islas Británicas: Escocia, Gales, Inglaterra y, por extensión, Irlanda, mientras que, como Bretaña francesa, o Bretaña armoricana (en francés *Bretagne* y en ingés *Britanny*) define la zona continental francesa enunciada en el texto.

[6] McNEIL, John T., *The Celtic Churches: a History between AD 200 –1200* (Las iglesias celtas: su historia entre el 200 y el 1.200 d. C.), Chicago Press University, USA., 1974.

[7] Mencionado en el libro *Early Christian Ireland,* de Maire y Liam De Paor, Ed. Thomas & Hudson, Londres, Inglaterra, 1958.

[8] *San Colombano* (c. 543-615) nació y se crió en Irlanda, donde ingresó al monasterio de Bangor, pasando allí 30 años de su vida estudiando, enseñando y escribiendo, hasta que fue enviado, junto con 12 monjes más, como misionero a Europa. Allí , invitado por el duque de Borgoña, fundó el monasterio de Luxeuil, que se convirtió en un famoso centro de esudios celtas.

[9] LYNDON, James, y LAING, Lloyd, *The Gill History of Ireland* (La aguerrida historia de Irlanda), Mc. Curtain Editors, Belfast, Irlanda, 1975.

[10] El término inglés *pale* (literalmente *empalizada* o *estacada*) se utiliza, por extensión, para designar una zona o distrito, cuyas características geográficas, étnicas, sociológicas, políticas, etc., se diferencian de su entorno inmediato por distintos factores naturales, artificiales o intencionales; se diferencia del *ghetto* en que, por lo general, no hay violencia en la determinación de los límites.

[11] *Apollonius de Lugdunum* (c. 250-325 d. C.). Historiador y filósofo romano, nativo de la comarca homónima; escribió varios tratados sobre las tribus bárbaras del oeste de Europa, especializándose en las tribus germanas, visigodas, godas y celtas insulares.

[12] *Northumbria:* antiguo reino anglosajón en el noreste de Inglaterra, formado en el siglo VII por la unión de los reinos de Bernicia y Deira. Su activa vida cultural, relatada por los escritos de San Bede, escolástico benedictino, y por el Evangelio iluminado de Lindisfarne, fue destruida por los ataques de los bárbaros daneses en el siglo IX.

[13] Términos formados por la palabra *alpino* = de los Alpes y los sufijos latinos *trans* = "más allá", "detrás de" y *cis* = "más acá", "antes de".

[14] *Vercingetórix.* Rey y capitán de los ejércitos del clan galo de Arverni; unió a las tribus galas en el año 52 a. C., a fin de resistir la dominación romana, bajo el mando de Julio César. Al cabo de un tiempo de éxito, fue finalmente derrotado por César en la batalla de Alesia, en el 52 a. C. Llevado a Roma, fue exhibido en su entrada triunfal

a la capital y posteriormente ejecutado.

(15) *Armoricana:* romanización del termino bretón *Armor* = "país del mar", como se llamaba a la agreste costa de Bretaña, sobre el Golfo de Vizcaya.

(16) El antiguo territorio de Anatolia abarcaba la porción asiática de la Turquía contemporánea, extendiéndose desde el Bósforo y las costas orientales del mar Egeo hasta la frontera con la actual Comunidad de Estados Independientes (Rusia) y los territorios de Irán e Irak. Llamada "Asia" por los antiguos griegos y romanos, se la denominó posteriormente "Pequeña Asia" o "Asia Menor, para distinguirla de los demás territorios del continente asiático.

(17) *Ancyra* (hoy Ankara) fue capturada por Alejandro Magno en el año 323 a. C., convirtiéndose, como Angora, en la capital del reino celta de Galatia en el siglo III a. C., y en capital de la provincia romana del mismo nombre en el 25 a. C.

Capítulo III – Los druidas y la sociedad celta

(1) En realidad, la palabra *druida,* cuya etimología analizaremos más adelante, involucra el conjunto de las jerarquías druídicas, mientras que *darvid din* (también de origen galo) señala la jerarquía mayor, ya que el vocablo *din* se traduce como "madurez" o "sabiduría"; sin embargo, este último vocablo no ha trascendido, y hoy se utiliza *druida* como sinónimo de los sacerdotes mayores.

(2) CÉSAR, Gaius Julius, *La guerra de las Galias,* mencionado por HANNA, W. A., *Celtic Migrations* (Las migraciones celtas), Pretani Press, Belfast, Irlanda, 1985.

(3) *Pomponius Mela* (c. 87 a. C- 59 d. C). Historiador y geógrafo romano, colaborador de Julio César en la redacción de *Las Guerras Gálicas,* escribió por su parte numerosos libros de geografía de la Galia Transalpina y las Islas Británicas.

(4) Aunque aún no ha sido totalmente investigado, el sitio de Libenice constituye uno de los yacimientos etnológicos más interesantes de Europa, con típicos ornamentos de la época La Tene tardía, gran cantidad de armas y calderos rituales y un altar para sacrificios, probablemente humanos. Se encuentra ubicado cerca de la ciudad de Kolin, en la región checoslovaca de Vrchovina, a 250 km al sudeste de Praga.

(5) *Tiberius Julius Caesar Augustus* (42 a. C- 37 d. C). Segundo emperador de Roma, impuso en las Galias el panteón de dioses romanos, determinando el alejamiento de los druidas de sus funciones sacerdotales.

(6) *Strabo de Pontus* (c. 63 a. C- 21 d. C). Historiador griego, autor de *Memorias Históricas,* un tratado en 43 volúmenes que continúa la *Historia* de Polibio a partir de la construcción de Corinto y de Cartago, incluyendo toda la Europa conocida y parte de Asia hasta la meseta de Anatolia, Irán, Irak y la región rusa de Georgia. El texto que sigue fue rescatado por *Aristodemus de Bithinia,* uno de sus discípulos, ya que muy poco de la obra de *Strabo* ha llegado hasta nuestros días.

(7) Es interesante destacar que ésta no parece haber sido la única forma de sacrificio humano, teniendo en cuenta lo mencionado por Pomponius Mela sobre las druidesas, y el cadáver hallado en la tumba de Vix (véase Capítulo I) que muestra signos de estrangulación.

(8) *Gaius Suetonius Tranquillus* (c. 69-140 d. C.). Biógrafo e historiador romano, más conocido por su escandalosa biografía múltiple *Vida de los Césares,* recopilada luego por Robert Graves como *Los doce Césares,* escribió numerosos tratados de historia, entre los que se cuenta el mencionado *César y las Galias,* donde narra, a su manera satírica, la actuación de César en las guerras gálicas.

(9) HAMWAY, Robert, *Compared World Shamanism* (Shamanismo universal comparado), Ann Arbor Pub., Michigan, USA, 1986.

(10) HAMWAY, Robert, *op. cit.*

(11) ELIADE, Mircea, *Le Chamanisme et les Techniques Archaiques de l'Extase* (El shamanismo y las técnicas arcaicas del éxtasis), Ed. Payot, París, Francia, 1968. Versión traducida y editada por el Fondo de Cultura Económica, México D.F., México, 1986.

(12) CAWTE, Harry, *Studies in Psychiatric Antropology of Australian Tribal Societies* (Estudios de Psiquiatría Antropológica entre las Sociedades Tribales Australianas), Informe publicado por la University Press, Honolulu, Hawaii, 1978.

(13) *Publius Cornelius Tacitus*, (96 - 165 d. C.). Historiador y senador romano nacido em Umbria, cuyas monografías *Historias, Germania* y*Vida de Agrícola* constituyen excelentes fuentes de información, tanto acerca de los pueblos celtas, como de otras tribus europeas de la época.

(14) Párrafo de *Vida de Agrícola* (c. 127 d. C.), recopilado por la *CD Rom British Enciclopedia*, 1997.

(15) Nótese el concepto netamente shamánico, en que el druida (shamán) debe asistir al espíritu del muerto en su camino hacia el Mundo Superior, a fin de que no lo atrapen los demonios del Mundo Inferior (véase *Shamanismo, pasado y presente*, de R. C. R. Reynolds, volumen 27 de la colección Medicinas y terapias alternativas, Ediciones Continente, 1997).

(16) PLINIO EL VIEJO, *Historia Natural*; recopilado del libro *Mitos Celtas, El Pasado Legendario*, GREEN, Miranda, Ed. Akal, México, 1977.

(17) Hoy convertida en una festividad infantil de los países anglosajones, la fiesta actual de Halloween (noche previa al Día de Todos los Santos) se origina en la festividad de *Samhain*, que conmemoraba el comienzo del año celta.

(18) Extractado de la *CD British Encyclopedia*.

(19) Las tradiciones celtas mencionan con frecuencia espadas con virtudes mágicas, como la *Excalibur* del rey Arturo, que permaneció siglos enterrada en la piedra, hasta que el futuro rey llegó para liberarla (véase Capítulo V - La saga del rey Arturo).

Capítulo IV – La religión celta

(1) Para salvar las diferencias idiomáticas, acompañaremos los nombres con las abreviaturas (g) para los términos *Goidelic*, (ig) para los *Irish Gaël*, (sg) para los *Scott Gaël*, (w) para los *Welsh* y (b) para los *Brython*.

(2) *Marcus Amadeus Lucanus*, sobrino del filósofo Séneca, nació en España el 3 de noviembre del año 39 d. C., y murió por su propia mano a los 26 años, cuando se comprobó su intervención en una conspiración contra el emperador Nerón. La única de sus obras que ha trascendido es la colección de poemas *Bellum Civile*, o *Farsalia*, parte de la cual relata en forma satírica las hazañas de Julio César en la Galias.

(3) *Luciano de Samosata* (c.120-18 d. C.). Escritor griego nacido en Siria; vivió un tiempo en Atenas antes de servir como oficial de las tropas romanas destacadas en Egipto. Se le atribuyen 82 escritos, la mayoría de los cuales son cortos diálogos satíricos en que ridiculiza la filosofía y la mitología griegas y romanas, describiendo a la humanidad como hipócrita y estúpida.

(4) Las *Termas de Caracalla*, en la antigua Roma, son los baños públicos más extensos (más de 16 hectáreas) y más ricamente decorados jamás construidos. Su construcción fue iniciada por orden de *Septimius Severus* en el 206 d. C., dedicado a su hijo y sucesor Caracalla en el 216 y terminados bajo el imperio de Heliogábalo, en el año 219. Permanecieron en uso hasta el 523, en que los invasores godos destruyeron los acueductos que las alimentaban.

(5) Esta leyenda se asocia con la famosa "Piedra de Scone" que, llevada a Inglaterra por el rey Eduardo I en 1297, es hoy la "Piedra de la Coronación", guardada bajo el trono de la Abadía de Westminster, y sobre la cual se coronan los futuros reyes de Inglaterra.

(6) En galés, la partícula *Ab* significa "hijo de", como *Mc* (fonéticamente: "mac") en Escocia y antiguamente en Irlanda, *Ben* en hebreo, *Van* en holandés y flamenco, *Von* en alemán, etcétera.

Capítulo V – Los grandes mitos celtas

(1) DURKHEIM, Emil, *Las formas elementales de la vida religiosa*, La Sorbona, París, 1912.

(2) En el siglo IV a. C., el mitógrafo griego *Euhemerus* desarrolló la teoría de que los dioses habían sido originalmente reyes y héroes, que habían sido posteriormente deificados por sus hechos heroicos. A partir del advenimiento del cristianismo, que destacó la naturaleza distintiva de la revelación de Dios en su hijo Jesucristo, los escritores cristianos introdujeron interpretaciones alegóricas (parábolas) de los mitos y, en consecuencia, los dioses de la antigüedad fueron, de allí en más, o bien interpretados euhemerísticamente, o considerados demonios inferiores.

(3) En realidad, no se ha comprobado fehacientemente la existencia real del abate Mc. Finnen, ya que, aunque su nombre figura asociado a la Leyenda de Tuan Mc. Carell, al menos en tres manuscritos irlandeses de los comienzos del catolicismo, no ha trascendido la existencia de ninguna versión de ella escrita por su propia mano.

(4) Esto parece corroborar la teoría actual de que los *Firbolg* y sus aliados procedían de Bélgica y zonas aledañas, ya que, para llegar al Ulster desde el continente, es preciso cruzar primero el Canal de la Mancha, luego el territorio inglés y finalmente el Mar de Irlanda.

(5) En la mitología griega, *Circe* era una hechicera que podía transformar a los hombres en animales. Cuando *Odiseo/Ulises* –rey de Itaca, héroe de Troya y protagonista de la *Odisea*– y sus hombres llegaron a su isla, Circe los transformó en cerdos, y sólo pudieron recuperarse con la ayuda de Hermes, quien les proporcionó un antídoto contra sus encantamientos.

(6) La opinión más difundida es que procedían de Escitia, un territorio impreciso ubicado al NO de Europa y NE deAsia, desde el Volga, abarcando el Turquestán, parte de Siberia, el Turquestán chino, Sungalia y Mongolia Occidental.

(7) Esta constituye una de las pocas menciones a una druidesa en la literatura céltica, y no se descarta que haya podido ser un error o una licencia del recopilador.

(8) Los relatos de ambos combates de Mag Tuiredh, compilados en un manuscrito del siglo XII, reconstruyen los episodios más importantes de la epopeya gaélica. Han sido traducidos en su totalidad en el libro de G. Dumas *Les littératures celtiques*, en 1923, y parcialmente en otro título del mismo autor, *L'epopee irlandaise*, en 1926.

(9) Después de Stonehenge y Carnac, las alineaciones del cuarto tipo de la planicie de Carrowmore, en Sligo, son las más importantes registradas hasta el momento.

(10) Se refiere a un antiquísimo deporte celta, similar al hockey, pero mucho más recio y violento, en que una pelota de cuero crudo debe ser introducida en un arco similar a los de rugby, mediante paletas curvas similares a un stick de hockey sobre césped. Este deporte se practica aún en Irlanda y Escocia, y en algunas comunidades irlandesas de Argentina.

(11) No se ha podido determinar con exactitud a qué rama del ejército correspondía esta denominación, pero se presume que era alguno de los cuerpos de caballería ulates.

(12) ROTH, George, *La Geste de CuChulainn* (La Gesta de CuChulainn), traducción de la

recopilación medieval de una saga oral, Bruselas, 1927.

(13) Este personaje es el inspirador de la pérfida reina Mab que Shakespeare incluyó en su obra *Romeo y Julieta*.

(14) ROTH, George, *Op. cit.*

(15) CONNERY, Eugene, *Irish Miths and Fairy Tales* (Mitos y cuentos de hadas irlandeses), Golden Age Pub., Worcestershire, Inglaterra, 1914.

Capítulo VI – Los idiomas celtas y su literatura

(1) Siglas de la denominación inglesa *Proto-Indo-European Languages*.

(2) Las divisiones "centum" y "satem" de un idioma se establecen en base a sus similitudes o diferencias con ciertas caracteríscas fonéticas del PIEL ancestral, conocidas como *fonemas palatales*.

(3) A falta de otro mejor, hemos utilizado aquí el término "británico" como traducción de *bryton*, pero no en su acepción moderna de "inglés", ya que este idioma no emana de un tronco celta, sino germano, a pesar de ser el más impuesto actualmente en las Islas Británicas.

(4) Traducción al español del término inglés *gaelic*, a su vez la forma moderna de *gael*. No debe confundirse *gaélico* con *galés*, el idioma hablado en el País de Gales, ya que son idiomas que pertenecen a ramas diferentes.

(5) No debe confundirse el idioma *gaélico* (goidelic o gaël) con el *galés* (welsh), ya que pertenecen a grupos distintos

(6) En lingüística, un idioma se considera extinguido cuando no existe ninguna persona que lo emplee como lengua única.

(7) El principado de Gales integra, junto con los antiguos reinos de Inglaterra, Escocia y los seis condados del Ulster, las cuatro entidades que forman el Reino Unido de Gran Bretaña. Está situado al sudeste de la isla mayor, limitado por el Mar de Irlanda al norte, el estrecho de San Jorge por el oeste, el Canal de Bristol al sur, y el territorio de Inglaterra por el este.

(8) LOTH, Jacques, *Les Mabinogion,* París, 1913.

(9) *Godofredo de Monmouth* (1084 - 1155) fue obispo de la abadía de St. Asaph, en Gales, donde escribió la *Historia Regum Britanniae,* entre 1135 y 1139. En ella introduce por primera vez al rey Arturo y su corte de Camelot a la literatura occidental; en este trabajo se inspiró William Shakespeare para su personaje del rey Lear, obra de neto corte folklórico.

Apéndice 1 – Glosario de términos y nombres celtas

(1) CHRETIEN DE TROYES, *Yvain o el texto del león,* texto del siglo XII, mencionado por Sainero, Ramón, en su *Diccionario de los grandes mitos celtas,* Edicomunicación S.A., Barcelona, España, 1988.

(2) PROCOPIO DE CESÁREA, *Leyendas de la Bretaña armoricana,* recopilado por GOODRICH, NORN y LORRE en *Medieval Myths* (Mitos medievales), New American Library, Nueva York, USA, 1987.

(3) WACE, Robert, *Los bosques de Francia,* recopilado por la *Grolliers CD Encyclopedia* (Enciclopedia electrónica Grolliers), The Software Toolworks, Novato, California, USA, 1996.

(4) BOULDING, Elise, *The Underside of History,* Boulder Press, Colorado, USA, 1976.

Apéndice 1

Glosario de términos
y nombres celtas

Abhallenhau (Isla de)

Término celta derivado de las palabras *abhall* (manzanos) e *illenhau* (isla), con que se identifica a la mítica "Isla de los Manzanos" o "Isla de Avalón" que, según la leyenda, se encuentra cubierta de manzanos cuyos frutos maduran durante todo el año.

Mencionada repetidamente en las sagas del Rey Arturo y los Caballeros de la Mesa Redonda, fue allí donde el hada Morgana y el hechicero Merlín llevaron al moribundo rey luego de la batalla de Camlann, donde fuera mortalmente herido por su traidor sobrino Mordret, para mantenerlo en estado de animación suspendida *"...hasta que los tiempos fueran auspiciosos para su regreso al mundo de las realidades humanas".* [1]

La ubicación real de la isla es aún tema de polémica y, mientras algunos autores sostienen que se trata de la isla de Yslay, en el canal del Norte que une el Mar de Irlanda con el Océano Atlántico, otros la identifican con la Isla de Aval, situada en la Côte–du–Nord, en la que puede verse un domen del que se sugiere sea la tumba del Rey Arturo.

En el siglo XII, a instancias de Enrique II Plantagenêt, los monjes de Glastonbury trazaron mapas falsos, intentando demostrar que su abadía, que se encontraba en una "isla" de tierra firme en medio de las ciénagas, era la mítica Isla de los Manzanos. Para refirmar esa proposición, en 1190 anunciaron el descubrimiento, en las catacumbas del monasterio, de las tumbas de la Reina Ginebra y el Rey Arturo, que hoy se han convertido en una de las atracciones turísticas de la abadía.

Addanc

(Véase **Afang**)

Afang

Nombre *scott gaël* de un monstruo acuático mitológico, habitante de los lagos del norte de Escocia. Sus no siempre coincidentes descripciones pueden corresponder a un dragón o una serpiente gigantesca, y coinciden significativamente con las de "Nessie", el polémico y arbitrariamente femenino "monstruo de Loch Ness". Uno de ellos fue el que mató Peredur en una gruta, ayudado por el talismán de la invisibilidad.

Alesia

Lugar donde se desarrolló la batalla entre Vercingetórix y Julio César, que significó el fin de la dominación celta en el noreste y centro del continente europeo. Su ubicación no ha sido correctamente determinada, y a pesar de que algunos autores la sitúan erróneamente en la región de Alise-Sainte-Reine, en la Côte d'Or, según los textos de Dión Casio, Plutarco y el mismo Julio César, sólo puede encontrarse en las montañas del Jura, en Alaise, en Sains-les-Bains o en Chaux-de-Crotenoy. La etimología del nombre, por su parte, se atribuye a un derivado de la palabra gaélica *aliess*, que define a una fortaleza primitiva (*hillfort*) transformada luego en ciudad amurallada.

Annwyn

En la mitología galesa, el Annwyn representa los mundos Inferior y Superior de las culturas shamánicas, a los cuales los druidas acceden por el tronco del Arbol de la Vida y de la Muerte (el roble). El dios del Annwyn es Arawn, y su sucesor Pwill, simbolizado en la leyenda del Santo Grial por el Rey Pescador, hermano de la madre de Sir Percival.

Arawn

Dios de los Mundos Inferior y Superior en la seccion inicial de los Mabinogión galeses (véase **Annwyn**).

Ard Macha

Traducido literalmente del *irish gaël*, significa "lomas o alturas de Macha", y es el nombre de la capital del reino de Ulster, al noreste de Irlanda, hoy políticamente dependiente de Inglaterra. Actualmente conocida como Armagh, a causa de su fonética, su nombre fue dado en honor a la esposa de Nemed, uno de los tres aspectos de la diosa Macha. Las tradiciones orales dicen que esa encarnación de Macha fue inhumada en esa región, cerca de Emain Macha, antigua capital del reino, y hoy ciudad de Emania. Ard Macha constituyó uno de los santuarios druídicos más importantes de Irlanda, y el lugar elegido por San Patricio para instalar la sede fundacional del episcopado irlandés, que hoy se ha convertido en la residencia del cardenal primado de Irlanda (véanse **Emain Macha, Nemed** y **Macha**).

Armagh

(Véase **Ard Macha**)

Avallach (Isla de)

Nombre galés de la isla de Abhallenhau o Avalón.

Avalón (Isla de)

Nombre bretón de la paradisíaca Isla de Abhallenhau, donde residía el hada Morgana con sus nueve hermanas, también hadas, que poseían la facultad de cambiar su aspecto, transformándose en diferentes tipos de aves, todas ellas de indescriptible belleza.

La tradición de Morgana y sus hermanas se asimila al mito irlandés de Bobdh, Morrigan o Morrigu, una integrante de las Tuatha De Danann (Tribus de la Diosa Dana), que aparece frecuentemente con la forma de un cuervo o una corneja. Algunos autores la asocian asimismo con las "gallisennes", hechiceras y sacerdotisas de la Isla de Seín, mencionadas en numerosos textos históricos griegos y latinos.

Avebury

El monumento megalítico de Avebury, el segundo en tamaño en las Islas Británicas, recibe su nombre de una villa cercana, en el condado de Wiltshire, sur de Inglaterra, a 129 km al oeste de Londres. Fue datado por el método de carbono 14 en 2.000 años a. C., y posteriormente el emplazamiento fue ocupado por una villa sajona (véase Cap. I).

Avellano

Otro de los árboles sagrados de los druidas, cuya madera, en forma de aserrín o viruta, obtenidos en ceremonias rituales, utilizaban como medicinas y sahumerios. También se empleaba para encender los fuegos en los sacrificios humanos.

Bag ann noz

Esta leyenda, que aún se conserva en una amplia franja sobre la ribera atlántica de la Bretaña Armoricana, especialmente en la zona entre la isla de Noirmoutier y el Golfo de Morbihan, posee raíces muy antiguas, como lo demuestra el hecho de haber sido citada por Procopio de Cesárea, "el Cronista de Bizancio", en su libro *Leyendas de la Bretaña armoricana*, escrito en el siglo V d. C.

Traducido literalmente como "barco que cruza la noche", el término identifica a una barca mitológica que "*...cada noche carga las almas de los difuntos y zarpa en dirección a la gran Isla* (la mayor de las Islas Británicas) *para que las almas puedan llegar a la Ciudad de los Muertos, que los lugareños llaman Ker Varu...*".[2]

Bag er varu

Literalmente "barco de los muertos", es una variante de la *Bag ann noz,* mencionada por los pescadores de la regiones de la Normandía y el Golfo de Vizcaya (véase **Bag ann noz**).

Bandrui

Etimológicamente derivado del radical gaélico *ban–*, que determina sexo femenino, y *–drui*, por druida, define a una mujer integrante de la clase druídica en los niveles de *bardo* y *vate*, pero no en el estrato superior, ya que no existen constancias de que alguna mujer haya alcanzado la jerarquía superior de sacerdotisa. Se las llama también *druidesas* y *dríadas* en irish gaël,y *banfilidh* o *banfaith* en bretón.

Bansidh (hoy Banshee)

El término incluye el radical goidelic *ban-* (mujer) y la palabra *sidh*, que significa "paz", y se aplica a la morada de los dioses y los héroes difuntos en el más allá (véase **Sidh**). El término actual *banshee* proviene de la fonetización de *sidh* (fonéticamente shee) y es el nombre irlandés para un hada o elfina, casi siempre maligna o traviesa, que suele frecuentar los bosques de almendros, acechando a los que cosechan sus frutos.

Bardo

Tal como se lo define en el Capítulo III, el *bardo* es el segundo nivel de la jerarquía sacerdotal celta pero, con el advenimiento del cristianismo, su función cambió en forma diferente en las distintas comunidades celtas: en la Alta Edad Media el *bardh* constituía en Irlanda un alto dignatario, encargado de enseñar filosofía, ciencias y música a los hijos de los nobles, pero en un rango inferior al *file*, que cumplía la misma función con los sucesores de los reyes y los cortesanos más destacados; en la Bretaña armoricana, en cambio, el *barth* se convirtió en un simple cantor ambulante, que cantaba las gestas de los grandes señores de la guerra.

Barrow

Literalmente "montículo" o "túmulo", se denominan así las tumbas comunitarias celtas que se encontraban cubiertas por domos de tierra, algunos de ellos de hasta 25 y 30 metros de altura y 100 m de diámetro y, por extensión, las cámaras funerarias que se encuentran debajo de ellos.

Bel

Uno de los dioses mayores del panteón druídico. Según Julio César, era la personificación de Apolo, el dios romano del sol, probablemente porque su nombre se traduce del *goidelic* como "el brillante", no por la gema, sino por su luz, ya que se trata de una deidad solar.

Belenos

Nombre galorromano del dios **Bel**.

Belenton

Conocido hoy como "Barenton", el calvero donde se encuentra la fuente de Belenton, ubicado en el bosque de Broceliandia, en la Bretaña armoricana, se ha transformado en un frecuentado punto turístico, apoyado en la leyenda de que sus aguas "curan la locura"; sobre este particular, en el siglo XII d. C., el geógrafo e historiador normando Robert Wace describe sus aguas como "...*hirvientes y arrebatadoras, aunque su temperatura es tan fría que podría congelar al mismo sol...*".[3]

El nombre de Belenton se supone compuesto por los términos galos *Bel*, como abreviatura de *Belenos*, y *nemeton*, literalmente traducido como "lugar sagrado", aunque reservado a lugares naturales y no construidos.

Beli

Nombre galés del dios **Belenos**.

Belisama

Compañera de Belenos, su nombre equivale al femenino de "brillante" (la brillante); los celtas antiguos la veneraban como una diosa solar, pero en la época galorromana se la identificó con la diosa romana Minerva.

Beltayne

Festividad consagrada al dios Belenos y a la Madre Suprema, o Señora del Bosque. Literalmente significa "el fuego de Bel", se conmemora durante la noche del 31 de abril al primero de mayo, y es un homenaje de agradecimiento a los dioses familiares, por haber protegido los fuegos del hogar, como así también un augurio de primavera.

Es una fiesta característica de los pueblos agrícolas y pastoriles, ya que llega la fecha de la siembra y de sacar las manadas a pastar. En Alemania y algunos países anglosajones, la noche previa se conmemoraba la Noche de Walpurgis, en que se intentaba conjurar a los seres malignos que se reunían en las colinas elevadas. Los romanos asimilaron *Beltayne* con las *Laridae*, es decir, sus propias fiestas en honor a los dioses *lares*, protectores del hogar.

Ben Gulbann

Jabalí mitológico que merodeaba por las alturas del Gulbann, en el condado de Sligo. Se lo vincula al héroe Diarmaid, quien no podía cazarlo porque se lo prohibía un geis, pero, obligado por Finn a participar en la cacería, lo mata, provocando así su propia muerte

Brigitt

Es la diosa mayor del panteón femenino *irish gaël*, por lo cual Juio César la identificó con Palas Atenea, la diosa guerrera de los romanos

Perteneciente a los Tuatha De Dannan, posee una triple personalidad, ya que la tradición la define como consagrada a los tres niveles de la sociedad celta: a la clase sacerdotal, como musa inspiradora de la poesía y los cantares de gesta; a la nobleza, como protectora de los reyes y los guerreros valientes, y como depositaria de los misterios de la naturaleza y la técnica, a los artesanos, pastores y agricultores.

Boadhu

Diosa de la guerra para los *irish gaël*. Su nombre deriva del goidelic *bodhu*, cuervo, y la tradición narra que con esa forma se aparecía a los guerreros antes del combate, preparándolos y animándolos para la lucha.

Bosque de los Carnutos

Según las leyendas galas, era el punto de reunión anual de todos los druidas continentales, aunque no existen precisiones sobre su ubicación exacta. En la actualidad, las preferencias de los investigadores se vuelcan hacia el calvero donde se encuentra la fuente de Belenton (hoy Barenton), en el antiguo bosque de Brecheliant, en la Bretaña armoricana, que en el siglo XII fue rebautizado con el nombre de Brocelianda, donde transcurre gran parte de la saga del rey Arturo. También se lo relaciona con el bosque de manzanos silvestres de Dartmoor, donde se encuentra la "Piedra de los Druidas", utilizada como elemento de iniciación para vates y bardos (véase Capítulo III, Los druidas y la sociedad celta).

Bretones y britones

Estos dos términos generan cierta confusión, ya que si bien hoy la palabra *bretón* identifica a los habitantes de la Bretaña armoricana (véase mapa en el Capítulo II), diferenciándolos de los *britones*, o habitantes de las Islas Británicas, hasta el siglo X d. C. ambas poblaciones se denominaban a sí mismos *bretonas*, y hablaban la misma lengua, que sólo después del siglo XI se separó, aunque con pocas diferencias, en el *brezonnegh* (hoy bretón) y el *cynraegh* (actual galés).

Brug na Boyne

Monumento megalítico situado en el condado de Meath, en Irlanda. Conocido también como "túmulo de Newgrange", su nombre celta, que significa literalmente "morada de Boyne", proviene de una antigua tradición celta que asocia este monumento con la diosa Boyne. En el solsticio de invierno los rayos del sol naciente penetran por una abertura especialmente practicada sobre el portal que da entrada al pasaje, y alumbra la cámara principal con una luz espectral que la tradición identifica con la presencia de la diosa Boyne, esposa de Nechtan (personalización gaélica del dios Neptuno).

Cairn

Se denomina *cairn* un montículo artificial de rocas o lajas utilizado, en los tiempos modernos, como un hito demarcatorio limítrofe, y en la Era Neolítica para cubrir las cámaras mortuorias colectivas. Su forma puede ser circular u ovalada, y las paredes están generalmente definidas por un brocal, o pared de losas conocidas como *ortostatos*.

Camlann

Ultima batalla librada por el Rey Arturo, en la que mata a Mordret, su sobrino e hijo incestuoso, pero a su vez es herido de muerte por él, y se retira a morir —o a permanecer en estado letárgico— a la isla de Avalón, llevado por su hermana, el hada Morgana. La batalla, que históricamente marcó el triunfo definitivo de los anglosajones sobre los bretones, se desarrolló en el sudeste de Inglaterra, cerca del conjunto megalítico de Stonehenge, según algunas fuentes en el 537 y según otras en el 541 d.C.

Camulo

Nombre dado por los galos al dios romano Marte. En las tradiciones irlandess se lo asocia con Cumhall McTremmõir el padre de Finn McCumhall, protagonista del Ciclo Fenniano o Ciclo de Ossián.

Carnac

Monumento funerario ubicado en la región de Morbihan, en la Bretaña francesa. Si bien no es de origen céltico, sus prodigiosos alineamientos y los dólmenes que los rodean fueron asiduamente utilizados por los druidas.

Cerveza

A pesar de que no existen evidencias conclusivas de que los celtas conocieran la cerveza antes de la ocupación romana, y de que ésta nunca fue demasiado popular entre ellos, que preferían el *mead*, la palabra inglesa *beer* proviene del término galo *beor*, con que bautizaron al proceso de malteado en los monasterios de la Galia Transaplina, donde por primera vez se utilizó el lúpulo para saborizar la cerveza (véase **Mead**).

Cill Daurgh

Hoy transformada en la abadía de Kildare, fundada por santa Brígida en el 507 d. C. en la provincia de Leinster, Irlanda fue, en sus orígenes un santuario celta (su nombre significa "la ermita de los robles") y albergaba a un grupo de *bansidh*, que alimentaban un fuego perenne en honor a la diosa Brigitt.

Connacht o Connaught

Uno de los cinco reinos arcaicos en que se dividió Irlanda. Su influencia de los reyes de Connaught y de los posteriores señores normandos ha convertido a esta región en la zona de mayor tradición gaélica y normanda de Irlanda. Ubicada al noroeste de la isla, comprende los actuales condados de Galway, Mayo, Roscommon, Sligo y Leitrim.

Conn Cetchatar

Apodado "El de las Cien Batallas", fue rey supremo de Irlanda, tanto mítico como histórico. Una de las sagas del Ciclo de Ossián narra cómo fue llevado al Mundo Inferior, donde el mismo Lugh Lamfada le confió el secreto de Erín. Sin embargo, ignorando su consejo, Conn se enamora de un hada maligna, y su pasión desencadena la decadencia de Irlanda, hasta que su hijo Conan McArt logra conjurar la maldición.

Cromlech

Este término tiene dos acepciones: en la antigüedad definía las tumbas comunales celtas, pero hoy se lo aplica para mencionar los círculos megalíticos de dólmenes, con un significado similar al *henge.*

Cumhall

En las tradiciones irlandesas es el padre de Finn, rey de los *fianna,* pero en las tradiciones bretonas, *Cool,* nombre bretón de Cumhall, es el dios Camulo, que Plinio el Viejo identifica con Marte, el dios romano de la guerra.

Daur

Nombre *goidelic* del roble, o más probablemente de la encina (véase la nota 11 de Algunos conceptos previos). Por su característica de perder y recuperar sus hojas (es el árbol de hojas caducas que crece más al norte) es el símbolo de la vida y de la muerte, y en la *Cad Goddeu,* o Batalla de los Arboles, cantada por el bardo Taliesin, encarna al dios-druida Gwyddyon. El nombre galo del roble es *verno,* término del cual toma su nombre el pueblo de los *arvernos,* que significa literalmente "la gente del roble".

Dentro del shamanismo druídico es el árbol que une el Mundo Inferior o infernal con el Intermedio, humano y el Superior o morada de los dioses y los guerreros muertos en combate. Plinio el Viejo narra que los druidas *"...cortaban el muérdago sobre los robles o sobre cualquier otro árbol que hubiera sido reconocido como tal...".* También aclara que de la palabra *daur* deriva el término *druida,* aunque este concepto aún es fuente de controversia (véanse **Druida** y **Muérdago**).

Deirdre

Heroína del Ciclo del Ulster, de quien, al nacer, el druida Cathbad profetizó que atraería desgracias a quienes la rodearan. El rey Conahar la hace encerrar, reservándola como su futura esposa. Sin embargo, *Deirdre* se enamora de *Noise,* hijo de *Usnech,* y lo liga a ella por un poderoso filtro de amor llamado *geis.* Pero Conahar los traiciona, Noise muere y Deirdre, devuelta al rey, se mata por su propia mano.

Dowth

Conjunto megalítico situado en las proximidades de la villa homónima, en el condado de Meath, Irlanda; corresponde al tercer milenio a. C. e integra, junto al de Knowth, el túmulo funerario de un cementerio del Neolítico tardío, en el valle del río Boyne, al norte de Dublín (véase Cap. I).

Dríada

(Véase **Bandrui**)

Druida

Término gaélico compuesto por la palabra *daur*, que significa "roble" y *dain* = "vidente" o "sabio"; su significado sería algo así como *el conocedor del misterio de los robles*.

En realidad, el término *druida* alude a la jerarquía superior de los sacerdotes, que estaba estratificada en tres niveles: *bardos, vates* y *druidas*. Los druidas constituían la clase sacerdotal, muy poderosa y estrechamente asociada a la autoridad real, al punto de transformarse en un poder compartido, en el cual el rey no podía reinar sin el druida, y éste no tenía ninguna autoridad si no estaba apoyado por él.

Con el advenimiento de la Era Cristiana, los romanos prohibieron la continuidad de las enseñanzas druídicas en el continente; en las Islas Británicas se transformaron en *filidh* (escribas o historiadores) y fueron convertidos por San Patricio y sus seguidores, con lo que la institución se extinguió poco a poco, volcándose muchos de ellos al catolicismo (véase Cap. III).

Druidesa

Femenino occidentalizado de *druida*. Si bien existen muchas leyendas sobre ellas, como la relatada por Elise Boulding,[4] no existe confirmación alguna de su existencia real (véase **Bandrui**).

Emain Abhall

Literalmente "ciudad de los manzanos", es el nombre gaélico de la mítica capital de la Isla de Abhallenhau, mencionada en muchos relatos irlandeses de maravillosas sagas marineras, en las que se la menciona como habitada por mujeres de inefable hermosura, que brindaban alegremente sus favores a los navegantes, sin solicitar nada a cambio (véase **Abhallenhau**).

Emain Macha

Literalmente "los mellizos de Macha", es el nombre gaélico de la antigua capital de los *ulates*, o habitantes del Ulster. En la actualidad se ha transformado en la ciudad de Emania, al noreste de Irlanda, hoy regida políticamente por el Reino Unido de la Gran Bretaña. El nombre proviene de la leyenda oral de que la ciudad fue fundada por la diosa Macha, en su segunda encarnación, como un hada que desposa a un campesino, proporcionándole una gran riqueza (véase **Macha**).

Fergus McRoig

Héroe épico del Ciclo del Ulster. Rey de los ulates y amigo personal de CuChulainn, abdica de su trono en beneficio de Conahar, a causa de una traición de éste último hacia Noise, amante de Deirdre, a quienes Fergus debía proteger. Perseguido, se refugia en Connaught, en la corte de la reina Maedbh, quien lo manda al frente de sus tropas en la batalla de Tain bó Quailnge, aunque Fergus se niega a luchar con CuChulainn.

Filidh

Con la llegada del catolicismo a las Islas Británicas, los druidas fueron perdiendo prestigio, y de sus lugares en los estratos superiores de la jerarquía religiosa celta, pasaron a ocupar cargos como *filidh* (plural de *file*), nombre dado a los recopiladores de las tradiciones orales en los monasterios cristianos, convirtiéndose finalmente en sacerdotes católicos, catequizados por San Patricio y sus seguidores.

Formorés

Cíclopes míticos de la tradición gaélica, que viven en las islas que rodean a Irlanda (probablemente las Hébridas). No invaden Erín, pero la acosan constantemente, hasta que son definitivamente vencidos por los Tuatha De Danann en la segunda batalla de Mag Tuired. Luciano de Samosata los comparó con los titanes de la mitología griega, representantes de las fuerzas ocultas, y siempre dispuestos a llevar a la humanidad a la confusión.

Gavrinis

Monumento megalítico erigido en la isla homónima, en la región de la Bretaña armoricana (Bretaña francesa), cuyos soportes verticales están profusamente grabados con enigmáticas figuras espiraladas. Sin embargo, y a pesar de haber sido cuidadosamente excavado, aún no se ha logrado determinar su influencia en la cultura celta.

Geis (plural, geasa)

Temido hechizo, muy difundido en Irlanda, que involucra una prohibición, una obligación o ambas a la vez. Como prohibición puede impedir cualquier cosa, desde comer un determinado alimento, hasta vestir un color, beber una bebida o dirigirse hacia cierto lugar. Como obligación constituye un deber ineludible, y obliga al que lo recibe, tanto ante los dioses como ante los hombres. El héroe CuChulainn (véase el Cap. IV) muere porque sus enemigos lo obligan a transgredir una de las *geasa* que le han arrojado. El *geis* es el símbolo de una tradición shamánica que pone de relieve la importancia de los encantamientos en los rituales druídicos, cuyos detalles se han perdido prácticamente por completo.

Ghalad bolg

Nombre de un arma mágica, quizás inspiradora de la leyenda de la Excalibur del rey Arturo. Pertenecía a Lugh, de los Tuatha De Danann, y le fue entregada por su maestra de artes marciales, la diosa Scatha. Su nombre significa, literalmente, "Rayo de Fuego", y era una especie de arpón barbado, que se arrojaba con los pies, y tenía la particularidad de soltar sus espinas dentro del cuerpo del enemigo, matándolo instantáneamente.

Halloween

(Véase **Samhain**)

Imbolc

(Véase **Ymbolc**)

Inis

(Véase **Ynis**)

Insula Pomorum

Nombre dado en el siglo XII por Godofredo de Monmouth, en su tratado *Vita Merlini* (La vida de Merlín), a la Isla de Avalón o "Isla de los Manzanos", donde fue llevado Arturo luego de la batalla con Mordret. Cabe destacar que el término francés *pomme* con que hoy se conoce la manzana, proviene del latín *pommum* (literalmente "fruto"), con que se reemplazó el original nombre latino *malum* (manzana), el bretón y galés *aval* y el gaël *abhal*.

Jabalí

Es el símbolo animal del druidismo, pero también representa todo aquello que perseguimos en la vida sin poder alcanzarlo. Manannan, hijo de Llyr, cría en su bosque de encinas una manada de jabalíes sagrados que, comidos por los guerreros, les devuelven las fuerzas y curan sus heridas (véase **Ben Gulbann**).

Kells, manuscrito de

El extenso manuscrito irlandés de los Cuatro Evangelios, más conocido como "Libro de Kells" por el lugar donde fue hallado, es uno de los más famosos de los escritos medievales.

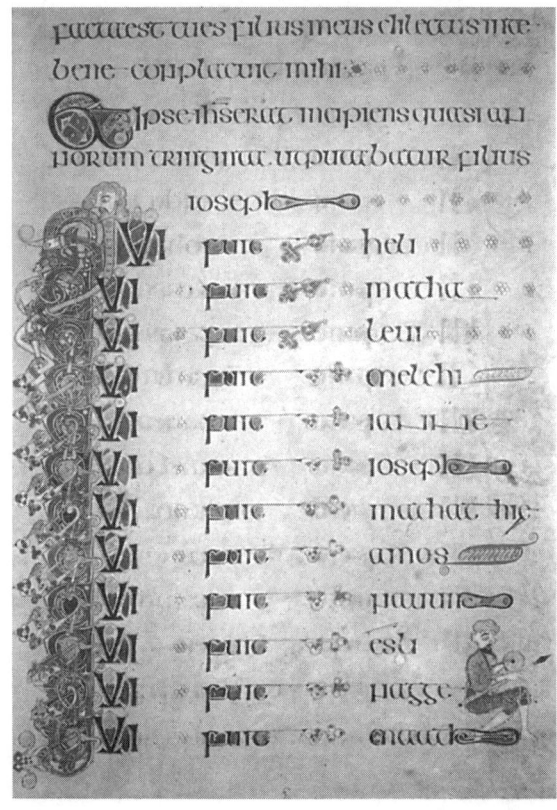

Conservado hoy en el Trinity College de Dublín, Irlanda, fue probablemente comenzado en el siglo VII por los monjes del seminario de la isla de Iona, y terminado en el monasterio irlandés de Kells, en algún momento entre la mitad del siglo VIII y comienzos del IX.

Los textos están escritos sobre gruesos pergaminos, y ricamente ilustrados con ornamentaciones características del arte celta de la época, aunque en ellas se notan ciertas influencias mediterráneas en las formas curvilíneas de los trazos, como así también en la estilización de las figuras humanas. Entre estas ilustraciones se destacan 31 páginas completas y numerosas capitulares, bandas entrelazadas e intrincados nudos de exquisita belleza y complejidad.

Ker Abhall

(Véase **Emain Abhall**)

Kilts

(Véase **Tartans**)

Knowth

Tumba funeraria situada en el valle del Boyne, en Irlanda. Junto con el complejo neolítico de Dowth, forma parte del megalito de Brug na Boyne, término *irish gaël* que significa "sobre el río Boyne".

Lughnassadh

Fiesta del primero de agosto, en conmemoración de las bodas del gran dios Lug con Irlanda, que aún se festeja en muchas aldeas y pueblos de este país.

Macha

Nombre de una trilogía de diosas que, en realidad, eran tres encarnaciones de una misma deidad. La primera de ellas fue como la mujer del último invasor de Irlanda, Nemed, y como tal, se le dio el nombre de Ard Macha (alturas de Macha) a la capital del antiguo reino de Ulster, hoy Armagh.

En la segunda encarnación, narrada por el bardo Taliasin, Macha se presenta como un hada que, casada con un campesino rústico e ignorante, llamado Crunnchu, lo alivia de su pobreza, proporcionándole salud y riquezas. Sin embargo, la vida disipada y las apuestas de Crunnchu a los dados hacen que el hada se vea perseguida por los sodados del rey de Ulster, obligándola a correr más rápido que sus caballos; a causa del esfuerzo, Macha debe refugiarse en un pueblo, donde da a luz a dos mellizos, que luego darán su nombre a la ciudad: *Emain Macha*. En represalia, arroja una maldición contra los guerreros del Ulster: cuando estén por entrar en batalla, no podrán hacerlo, porque sufrirán los dolores del parto; sólo se verá libre de esta maldición CuChulainn, "el guerrero invencible".

No existen demasiados antecedentes de su tercera reencarnación como "Macha la Pelirroja", aunque se la relata en relación con un caballo o un animal mítico semejante, y puede comparársela con *Rhiannon*, "la diosa-yegua" de los irish gaël, o Epona, la heroína ecuestre de los galos. Según algunos autores, entre ellos Miranda Green, ambos personajes eran la misma diosa, aunque con diferentes nombres.

Mead

Si bien en algunas regiones galas, los celtas adoptaron de los romanos el procedimiento para fabricar cerveza, a partir de la fermentación de una mezcla de cebada y lúpulo, esta bebida nunca fue muy popular entre los celtas insulares, quienes preferían una bebida mucho más fuerte en alcohol, llamada *mead*, la cual consideraban "la bebida de los dioses", y que preparaban mezclando miel con una especie de cerveza obtenida en base a granos de avena o cebada malteada y fermentada (véase **Cerveza**) y agregando, en ocasiones, frutas o especies como saborizantes.

Merlín

En las leyendas artúricas, Merlín es el confesor y hechicero personal de Arturo y de su padre, Uther Pendragon; es Merlín quien aconseja a Uther fundar la Orden de la Mesa Redonda, y quien idea la prueba de la espada en la piedra para demostrar el derecho de Arturo a ocupar el trono de Britania. Desaparece para siempre cuando Viviana, la Dama del Lago, utilizando hechizos que él mismo le enseñó, lo aprisiona en un zarzal.

Merlín representa al druida por excelencia, dotado de poderes infinitos y destinado a apoyar y guiar al rey como regente de su pueblo. El apelativo Merlín proviene, probablemente, de una contaminación fonética entre su nombre galés, Myrddin, y la palabra francesa *merle* (mirlo).

Metheglyn

Nombre de una bebida consumida por los irish gaël, similar al *mead*, aunque con mayor graduación alcohólica y muy especiada (véase **Mead**).

Muérdago

Planta sagrada que, según Plinio el Viejo, los druidas recogían de los robles "...*en una ceremonia ritual, con una hoz de oro y los pies desnudos para poder estar en contacto con el árbol sagrado; con él preparan una panacea o poción mágica que cura todos los males...*". Esta idea se conservó hasta hace pocos siglos en la Bretaña armoricana, aduciendo que el muérdago adquiere su poder alimentándose de la savia del roble, símbolo de la energía divina por su fuerza y su resistencia, y de esa forma transmite al hombre parte de esa energía vital.

Esta creencia popular tiene su base científica, quizás, en el hecho de que el *Viscun album*, nombre científico del muérdago utilizado por los druidas, penetra la corteza del árbol mediante unas raíces modificadas de tejido conductivo, llamadas *xylem*, a través de las cuales absorbe la savia de su huésped.

Algunas investigaciones sugieren que el *Viscum album* posee ciertas cualidades alucinógenas, lo que parecería explicar su utilización en muchos ritos de índole extática, como las ceremonias de iniciación, pero esto aún está por comprobarse.

Myrddyn

(véase **Merlín**)

Nodens, Nodons

Equivalente galorromano de Nuada, el de la Mano de Plata, dios integrante de los Tuatha De Danann.

Ogham

Fonéticamente *Owam*, se lo conoce también como *Ogam* u *Occam*, se trata de un alfabeto celta de escritura vertical, del que queda constancia en diversas estelas de piedra o madera, encontradas en las tumbas y enterratorios celtas de Irlanda, Escocia, Gales y la Bretaña francesa.

Se trata, como puede verse en el **Apéndice 2**, de una escritura que recuerda las de las runas, partiendo de una línea central vertical, y que cuenta con 25 letras, de las cuales 5 son vocales simples y 5 vocales compuestas o diptongos; cada letra está asociada con un árbol o planta, y 12 de ellas rigen los meses del año.

Esta escritura no tiene nada de mágica, pero algunos autores la asimilan a los ritos mágicos por haber sido utilizada por los druidas para registrar sus fórmulas y encantamientos. La tendencia más difundida es que el Ogham deriva del alfabeto latino, y no hay constancia de que haya aparecido antes de los comienzos de la Era Cristiana ya que, si bien se encuentran inscripciones Ogham en muchos menhires y dólmenes de la Edad de Piedra, existen ciertos indicios de que han sido incorporadas posteriormente.

Peredur

Héroe gaélico, antecesor de sir Percival en lo que respecta a su conducta y sus hazañas, pero de aspecto más arcaico y tosco. Su misión en la vida es hallar el *Caer Whydr* (castillo de las maravillas o castillo de cristal), durante cuya búsqueda vive innumerables aventuras, en una de las cuales mata a un *afang* en su cueva, ayudado por un "talismán de invisibilidad" que le proporcionó una misteriosa Emperatriz.

Rhiannon

Heroína galesa en dos de las ramas del Mabinogion, donde se la representa siempre como una avezada amazona y guerrera. Esposa de Pwyll, engendra a Pryderi, quien le es arrebatado en el momento de nacer; acusada de haberlo matado, es condenada a llevar sobre sus espaldas a todos los que vayan a la fortaleza de su esposo. Se la compara con la diosa-yegua Epona, de la mitología galo-rromana.

Cráneos humanos, posiblemente procedentes de sacrificios, conservados en el Pórtico de Roquepertuse, Francia

Roquepertuse

Santuario celto-ligur localizado en las proximidades de la ciuad francesa de Velaux, cerca de la desembocadura del Ródano. Ha sido datado entre los siglos III y IV a. C., y en él puede apreciarse la veneración de los celtas por los cráneos humanos, ya que su pórtico, que se conserva en el museo Borély de Marsella, posee nichos excavados en la piedra, para colocar calaveras humanas, seguramente trofeos de guerra.

Samhain

Festejada hoy como Halloween, *Samhain* (fin del verano) fue originalmente una festividad celta de los muertos, celebrada durante la última noche del año druídico, es decir, la del 31 de octubre, precedente al Día de Todos los Santos. Hasta épocas relativamente recientes, en muchas partes de Europa existía la creencia —probablemente originada en esa festividad celta— de que en la noche de Samhain, las brujas y hechiceros efectuaban sus peores conjuros, y se encendían grandes fuegos para mantener lejos de los hogares a los espíritus malévolos. Es la festividad opuesta a la de Beltayne, ya que en ella se escenifica el encierro del ganado para el invierno, y se enciende simbólicamente los fuegos del hogar.

Posteriormente, a partir del siglo XVII, el cristianismo fue incorporando aportes propios, y la fiesta de Halloween se transformó en un festejo infantil, en que los niños recorren las casas vecinas, disfrazados de duendes, a solicitar golosinas.

Sidh

Si bien se traduce literalmente como "paz", su significado se extiende a la morada de los dioses, los héroes mitológicos y los guerreros valientes, en su tránsito al Más Allá. Actualmente fonetizado al inglés como *shee*, alude a los monumentos funerarios, los megalitos y las islas míticas, como la de Avalón o Abhallenhau.

Stonehenge

Conjunto megalítico ubicado en la llanura de Salisbury, al sur de las Islas Británicas. Según Tito Livio, el monumento era visitado por el dios Apolo cada 19 años, cifra que coincide con la del ciclo pascual.

Bautizado en la Edad Media temprana como *Circulus Giganteum* (círculo de los gigantes), parte de sus rocas (básicamente las de azurita) fueron traídas desde Gales, hecho atribuido por la tradición a la magia del hechicero Merlín, quien las habría trasladado por el aire. Sin embargo, hoy puede afirmarse que la totalidad de los megalitos de Stonehenge ya estaban allí siglos antes de la época en que se sitúa al mago Merlín.

St. Patrick (San Patricio)

Su leyenda es muy confusa ya que, con el paso del tiempo, se fue "enriqueciendo" con elementos míticos y hechos de la vida real que no se puede comprobar que realmente hayan sido protagonizados por él. Se lo supone nacido en la Bretaña francesa, aunque de pequeño fue raptado por piratas y esclavizado por un druida, del que recibió educación como tal. Ya mayor, escapó y se convirtió al cristianismo, alcanzando la dignidad de obispo y dedicando su vida a evangelizar el territorio irlandés.

En el siglo IV d. C. fundó la sede episcopal de Armagh y se transformó en el artífice de la conversión de los *filidh* y los druidas al catolicismo, con lo que prácticamente se disolvió la jerarquía druídica en Irlanda.

Tain bó Quailngé

La historia central del ciclo literario de Ulster es la historia de "La cacería del toro de Quailngé", un relato mítico en el cual la reina Maedhb, de Connaught, y su ejército, intentan robar el toro Donn Quailnge, propiedad de los guerreros del Ulster. Ella desea el toro para que sus posesiones igualen a las de su esposo, el rey Ailill, quien posee un hermoso ejemplar blanco, llamado Finnbennacht.

A lo largo de la trama de la historia, se relatan las hazañas de CuChulainn y sus compañeros de lucha, Conall Cernach y Loigaire

Buadach, quienes luchan contra las fuerzas sobrenaturales que la reina Maedhb convoca contra ellos.

A pesar de no ser un dios, CuChulainn, héroe protagónico de este relato épico del antiguo reino septentrional del Ulster, es capaz de hazañas sobrehumanas similares a las de los semidioses griegos Aquiles y Hércules. Finalmente, muere víctima de las malas artes de tres druidas al servicio de Maedhb, quienes le ofrecen una comida hecha con carne de perro, obligándolo así a violar dos poderosos *geasa* echados sobre él por las hechiceras de la reina: nunca rehusar una comida, y jamás comer carne de perro.

Tara

La colina de Tara, tradicionalmente considerada como el asiento de los más altos reyes de la antigua Irlanda, está ubicada a 32 km al noroeste de Dublín.

Luego de haber sobrevivido a una larga serie de terremotos, el asentamiento de Tara muestra varias estancias claramente definidas, entre las que se cuentan el llamado Salón de los Banquetes y el Hemiciclo de los Sínodos, donde San Patricio llevaba a cabo sus reuniones de feligreses. Sin embargo, ambas estancias muestran señas de haber sido utilizadas como túmulos funerarios, como así también signos de otro tipo de ocupación durante los primeros siglos de la Era Cristiana.

Otro de los recintos, la Morada de los Reyes, que, como cualquier otro emplazamiento real irlandés, se encuentra rodeado por un talud externo con un foso interior, comprende en su interior el Montículo de los Prisioneros; este paraje, del cual aún no se ha llegado a una conclusión terminante de su función, mostró, al ser excavado, estar superpuesto a una tumba de pasaje y a dos conjuntos de terraplenes, conocidos como la Morada de Cormac y un conjunto de habitaciones que se consideran un alojamiento real. El conjunto de edificaciones fue abandonado definitivamente alrededor del siglo VI d. C.

Tara (broche de)

Conocido como "broche de Tara" por haber sido recuperado en la excavaciones de ese sitio arqueológico constituye, junto al Cáliz de Ardagh, dos de los más acabados ejemplos de la joyería de la Edad Media céltica, cuyos trabajos, revitalizados por los aportes vikingos, continuaron en su apogeo hasta el siglo XII d. C.

El arte celta de la joyería produjo, durante este período piezas de gran valor estilístico, trabajadas en oro, plata y bronce, y esmaltadas y engarzadas con piedras preciosas, pero quizás fueron las *fíbulas*, o alfileres de seguridad decorados, los que alcanzaron los refinamien-

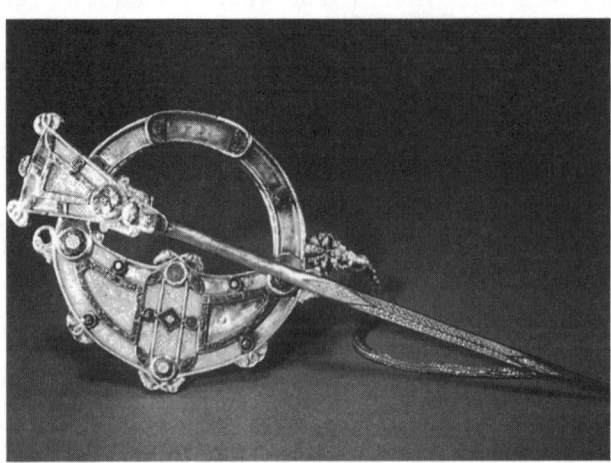

Broche penanular hallado en la Colina de Tara, Irlanda. Datado en el siglo VII, está modelado en plarta y decorado con zafiros y rubíes delicadas filigranas en forma de aves

tos más altos, como los circulares o penanulares, característicos de Irlanda y Escocia, que competían de igual a igual con los exquisitos trabajos de los joyeros de Constantinopla, la capital del Imperio Bizantino.

El ejemplo más acabado de estos broches y prendedores es, sin duda alguna, el broche de Tara, Encontrado en una caja de madera, junto con otros adornos, crca del cauce del río Boyne. Es de forma oblonga, de alrededor de 20 cm de longitud, elaborado en oro y plata esmaltados en cloisonné y con 11 piedras engarzadas en una disposición que recuerda la constelación de Orión, probablemente uno de los mencionados aportes de los experimentados marinos vikingos.

Tartans

El *tartan*, o más precisamente *scott tartan* (en español, "diseño escocés"), define a un género de lana que identificaba, mediante diseños en cuadros de diversos tamaños y colores, a un clan o tribu, con el propósito de diferenciarlos en las batallas. Cada clan poseía un diseño único y privativo que, por lo general, se usaba en forma de *kilts*, o faldas hasta las rodillas, sujetas por un cinturón, y que se continuaban plegadas en bandolera por sobre el hombro izquierdo. Los *kilts* eran usados tanto por las mujeres como por los hombres, y en ocasiones llevaban bandas de color agregadas, que determinaban el rango de quien los usaba.

Tuatha de Danann

Traducido literalmente como "Tribus de la diosa Danann", el término nuclea a las grandes deidades del panteón irlandés y gaélico continental; habitan el universo del *Sidh*, y se los considera los penúltimos invasores de Irlanda.

Woodhenge

Clasificado dentro de los monumentos megalíticos denominados *henge* (por extensión de Stonehenge), ubicado a 3 km al noreste de este último, en los llanos de Salisbury, al sur de Inglaterra. El emplazamiento, datado por Carbono 14 alrededor del año 2.300 a. C., consiste en seis formaciones ovaladas de agujeros, que originalmente soportaban maderos de más de 1 m de diámetro, hoy desaparecidos. Los anillos están circundados por un foso rodeado, a su vez, por un talud, interrumpido por una entrada con orientación noreste. De acuerdo con las hipótesis más difundidas, los maderos constituían los pilares de un gran edificio con techo de bálago, de alrededor de 40 m de diámetro, con el centro abierto al cielo.

Esta estructura se supone estaba destinada a propósitos ceremoniales o religiosos; esta teoría está avalada por un entierro infantil, probablemente con fines de sacrificio, encontrado cerca del centro del monumento, y por calcos de hachas, construidos en piedra caliza, desenterrados de uno de los cimientos. Woodhenge fue descubierto por medio de la fotografía aérea, y las primeras excavaciones se realizaron en 1928.

Ymbolc

Festividad del primero de febrero, representada en la actualidad, en Irlanda, por la fiesta de Santa Brígida o Brigantia, y en el resto del mundo católico por la Candelaria. Es una fiesta de purificación y recogimiento a comienzos del invierno.

Ynis (Isla de)

Nombre original antiguo (protocéltico) de la Isla de Abhallenau o Avalón, según las tradiciones galesas.

Apéndice 2

		El alfabeto Ogham			

Glifo	Letra	Fonética		Asociaciones	
		Irish	Goidelic	Plantas	Meses
	B	Beyth	Bedwen	Abedul	Noviembre
	L	Luys	Gerdinen	Serbal	Diciembre
	F, V	Fearn	Gwernen	Aliso	Enero
	S	Saille	Helygen	Sauce	Febrero
	N	Nuin	Onnen	Fresno	Marzo
	H	Huathe	Draenen wen	Espino albar	Abril
	D	Daur	Derwen, Dar	Roble (encina)	Mayo
	T	Tinne	Celinnen	Acebo	Junio
	C, K	Coll	Collen	Avellano	Julio
	Q	Quert	Abhall	Manzano	- - -
	A	Ailm	Ffynidwydden	Abeto, pino	- - -
	O	Onn	Eythin	Aulaga	- - -
	U, W	Ur	Grug	Brezo	- - -
	E	Edhadh	Aethnen	Alamo blanco	- - -
	I, J, Y	Ido	Ywen	Tejo	- - -
	M	Muynn	Gwinwydden	Vid, Parra	Agosto
	G	Gort	Eyddew	Hiedra	Setiembre
	NG	Ngetal	Eithlyn	Retama	Octubre
	ST, Z	Straif	Drenen ddu	Endrino	- - -
	R	Ruys	Ysgawwen	Saúco	- - -
	EA	Ebhadh	Aethnen	Alamo común	- - -
	OI	Oir	Piswydden	Guillomo	- - -
	IO, FX	Iphin	Eirin Mair	Grosellero	- - -
	PH, UI	Uieland	Gwyddfid	Madreselva	- - -
	AE	Phagos	Ffawydden	Haya	- - -

Bibliografía

ARROWSMITH, Nancy y MOORSE, George, *A Field Guide to Little People,* Wallaby, New York, U.S.A., 1986.

BONWICK, James, *Irish Druids and Old Irish Religions* (Los druidas y las antiguas religiones irlandesas), Ed. Dorset, New York, U.S.A., 1986.

BRENMAN, J. H., *Experimental Magic* (Magia experimental), Aquarian Press, Northamptonshire, Inglaterra, 1972.

BURTON, Richard F., *The Book of the Sword* (El libro de la espada), Ed. Cover, New York, U.S.A., 1987.

BUTLER, W. E., *Ritual Magic* (Magia ritual), Cambridge University Press, Massachussets, U.S.A., 1949.

CAVENDISH, Richard, *Mythology: an Illustrated Encyclopedia* (Enciclopedia ilustrada de la mitología), Rizzoli, New York, U.S.A., 1980.

CROSSLEY-HOLLAND, Kevin, *Folk Tales of the British Islands* (Cuentos populares de Gran Bretaña), Pantheon Books, New York, U.S.A., 1985.

DE PAOR, Maire y Liam, *Early Christian Ireland,* Ed. Thomas & Hudson, Londres, Inglaterra, 1958 .

ELIADE, Mircea, *Le Chamanisme et les Techniques Arcaiques de l'Éxtasc,* Payot, París, Francia, 1968.

GOODRICH, Norn Lorre, *Medieval Myths* (Mitos medievales), New American Library, New York, U.S.A., 1987.

GREEN, Miranda, *Gods of the Celts* (Los dioses celtas), Allan Sutton Ed., New Jersey, U.S.A., 1986.

Grolliers CD Encyclopedia (Enciclopedia electrónica Grolliers), The Software Toolworks, Novato, California, U.S.A., 1996.

HANNA, W.A., *Celtic Migrations* (Las migraciones celtas), Pretani Press, Belfast, Irlanda, 1985.

HOWARD, Michael, *The Magic of Runes* (La magia de las runas), Samuel Weiser, New York, U.S.A., 1980.

JACOBS, Joseph, *Celtic Tales* (Cuentos celtas), traducido y editado por Ediciones Miraguano, Madrid, España, 1994.

JAMES, Lyndon, *The Gill History of Ireland* (La aguerrida historia de Irlanda), McCurtain Editors, Belfast, Irlanda, 1975.

KEIGHTHLEY, Thomas, *The World Book of Gnomes, Fairies, Elves and Other Little People* (El libro universal de los gnomos, hadas, elfos y otra gente pequeña), Avenel Books, New York, U.S.A., 1988.

LAING, Lloyd, *Celtic Britain* (La Britania céltica), Granada, Londres, Inglaterra, 1981.

LE ROUX, Françoise, *Morrigan –Bodh–Macha; la Souveraineté Guerriére de L'Írlande* (Morrigan–Bodh–Macha; la soberanía guerrera de Irlanda), Ogam-Celticum, Rennes, Francia, 1983.

MATHEUS, Caitlín, *The elements of the Celtic Tradition* (Los elementos de la tradición celta), Element Books, Shaftesbury, Gran Bretaña, 1989.

McCANA, Proinsias, *Celtic Mythology* (Mitología celta), Hamlyn Pub., Dublín, Irlanda, 1980.

McMANUS, Seumas, *The Story of the Irish Race* (La Historia de la raza irlandesa), Devin Adair Pub., Conneticut, U.S.A., 1978.

McNEIL, John T., *The Celtic Churches: a History AD 200 –1200* (Las iglesias celtas: su historia entre el 200 y el 1.200 d. C.), Chicago Press University, U.S.A., 1974.

NORTON-TAYLOR, Duncan, *The Celts* (Los Celtas), Time-Life Books, New York, U.S.A., 1984.

QUENNELL, Marjorie, *Everiday Life in Roman Britain* (La vida cotidiana en la Bretaña romana), G.P. Putnam's Sons, New York, U.S.A., 1952.

REES, Alwyn and Brinley, *Celtic Heritage* (La herencia celta), Grove Press, New York, U.S.A., 1987.

ROSS, Anne, *Druids, Gods and Heroes from Celtic Mithology* (Druidas, dioses y héroes de la mitología celta), Barnes & Noble Pub., New Jersey, U.S.A., 1986.

SQUIRE, Charles, *Celtic Miths and Legends* (Mitos y leyendas celtas), Newcastle Pub., Van Nuys, California, U.S.A., 1975.

UYLDERT, Mellie, *Celtic Warriors* (Los guerreros celtas), Blandford Ed., Dorset, Inglaterra, 1986.

———, *Metal Magic* (La magia de los metales), Turnstone Press, Northamptonshire, Inglaterra, 1980.

WEBSTER, Graham, *Celtic Religion of Roman Britain* (La religión celta en la Bretaña romana), Barnes & Noble Pub., New Jersey, U.S.A., 1986.

CUENTOS DE HADAS CELTAS

Gnomos, elfos y otras criaturas mágicas

Roberto Rosaspini Reynolds

Las tradiciones celtas vienen tiñendo la esencia misma de lo que se conoce como cultura occidental, desde hace más de 4.000 años.

Sin embargo, aquellas antiguas costumbres y leyendas se habrían esfumado para el mundo actual si no se hubieran transmitido oralmente, al menos hasta la Edad Media, en que fueron recogidas por los monjes cristianos, aunque deformadas por la fábula, el mito y las fantasías del recopilador.

Entre los cuentos de la rica tradición celta incluidos en este volumen, se destaca la intervención de los *elementales*, seres preternaturales asociados con lugares y ocupaciones específicas, de apariencia similar a la humana, pero más pequeños y dotados del poder de la magia (**hadas, gnomos, elfos, nereidas, sirenas, leprechauns**), que poblaban (y quizás aún pueblen) los bosques y las praderas irlandeses, galeses y escoceses.

En esta oportunidad, nos hemos limitado a hacerle llegar al lector sólo los relatos, despojados de sesudos análisis históricos o literarios, con el único propósito de que los disfrute. Si al leerlos, asoma a la mente adulta el agridulce y sutil regusto de la infancia, sin duda habremos logrado nuestro objetivo.

HISTORIA Y LEYENDA DEL REY ARTURO

y sus Caballeros de la Mesa Redonda

Roberto Rosaspini Reynolds

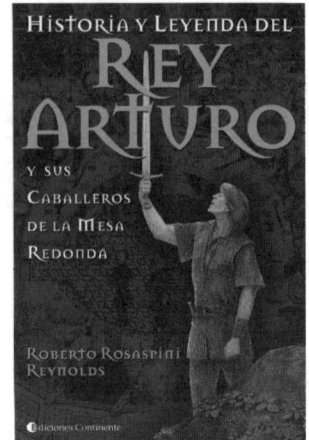

Hacia mediados del siglo XII (c. 1147), fruto de la pluma de un clérigo bretón, Godofredo de Monmouth, surge a la luz la *Historia Regum Britanniae*, que por primera vez, y bajo la supuesta idea de presentar la historia completa de los reyes británicos entre el siglo V a.C. y el XI d.C., recrea la leyenda del Rey Arturo y algunos de sus Caballeros de la Mesa Redonda.

Aunque basado en algunos hechos históricos auténticos, transmitidos oralmente a través de generaciones, el mito del moderno Rey Arturo no es sino una fusión de tradiciones netamente celtas con componentes cristianos de la época, pero escenificado dentro de un ambiente medieval, cuyos personajes arquetípicos muestran una caracterización atemporal que les permite reflejar tanto los problemas del siglo V, como los del XII o el XX.

Esta atemporalidad fue la que hizo que la leyenda de Arturo, con su entorno de seres míticos y fantásticos, las profecías y hechicerías de Merlín y Morgana y la Dama del Lago, los amores adúlteros de la reina Ginebra y Sir Lancelot, y las aventuras de los Caballeros de la Mesa Redonda, alcanzaran una envergadura universal, abrazada por innumerables seguidores, sólo comparable a las grandes epopeyas mitológicas o las gestas proféticas y religiosas.

Fueron muchos los autores que, a lo largo de los siglos, aportaron nuevas facetas a la leyenda, y en este libro queremos reunir todos esos aportes y, dentro de lo posible, amalgamarlos en un todo coherente que permita la comprensión cabal de una leyenda tan subyugante como lo es la saga del Rey Arturo y sus Caballeros de la Mesa Redonda.

Colección
Terapias y Medicinas Alternativas

Colección
Terapias y Medicinas
Alternativas